Achim Schröder, Angela Merkle

Leitfaden Konfliktbewältigung und Gewaltprävention

Pädagogische Konzepte für Schule und Jugendhilfe

Achim Schröder, Angela Merkle

Leitfaden Konfliktbewältigung und Gewaltprävention

Pädagogische Konzepte für Schule und Jugendhilfe

WOCHEN
SCHAU
VERLAG

Bibliografische Information der Deutschen Bibliothek

Die deutsche Bibliothek verzeichnet diese Publikation in der Deutschen Nationalbibliografie; detaillierte bibliografische Daten sind im Internet über http://dnb.ddb.de abrufbar.

www.wochenschau-verlag.de

Umschlagsgestaltung: Ohl Design, Wiesbaden
Gedruckt auf chlorfreiem Papier
Gesamtherstellung: Wochenschau Verlag
ISBN-10: 3-89974303-2
ISBN-13: 978-3-89974303-6

Inhalt

Vorwort

Das Thema Jugendgewalt sorgt immer wieder für neue medienwirksame Schlagzeilen, wenn Pariser Jugendliche wochenlang im Schutz der Dunkelheit Autos anzünden, wenn Fußballhooligans vor der Weltmeisterschaft mit Straßenschlachten drohen oder Lehrer an einzelnen Schulen vor ihren Schülern kapitulieren. Medien präsentieren Jugendliche, die keinen Respekt haben, nicht mehr lernen wollen, Lehrer bedrohen, Mobiliar zerschlagen und offensichtlich Spaß an der Gewalt haben. Auch wenn diese Darstellungen über eine gewisse Eigendynamik verfügen und voyeuristische Neigungen bedienen, können wir uns nicht über neue Probleme und ihre Ursachen hinwegtäuschen: Überforderung von Familien, Rückzug aus der Erziehungsverantwortung, mangelnde Integrationsmöglichkeiten von Eltern, Ghettoisierung durch sozialen Wohnungsbau sowie Perspektivlosigkeit und Frustration einer Jugend, die ihren Platz in der Gesellschaft offenbar nur dann einigermaßen gesichert sieht, wenn sie eine höhere Schulbildung und wohlhabende Eltern hat.

In individualisierten Gesellschaften, in denen verbindliche Standards einer breiten Differenzierung und personifizierten Verantwortung gewichen sind, müssen unterschiedliche Interessen und Bedürfnisse mehr denn je ausgehandelt und soziale Positionen erkämpft werden. Diese Tendenzen eröffnen neue Konfliktfelder und scheinen teilweise zu aggressivem Verhalten zu ermuntern. Von daher müssen Heranwachsende in der heutigen Zeit ausgiebiger lernen und erfahren, wie sie Streitigkeiten und Meinungsverschiedenheiten gewaltlos und gelingend lösen können.

Jugendhilfe und Schule haben die Aufgabe, in diesem Prozess mitzuwirken, das friedliche Miteinander zu ermöglichen, auf

Jugendgewalt zu reagieren, der Entstehung vorzubeugen, aber auch – und das wird zum Teil vernachlässigt – ihre Konzepte zur sozialen Kompetenzentwicklung an die sich wandelnde gesellschaftliche Realität anzupassen. Seit den 90er Jahren, in denen der Präventionsgedanke in der Kinder- und Jugendarbeit mehr Raum gewann, wurden zahlreiche Modellprojekte konzipiert und evaluiert. Bundes- und landesweite Kampagnen und Netzwerke wurden ins Leben gerufen, neue Ansätze entwickelt und bereits bestehende wieder belebt. Man orientierte sich an wirksamen ausländischen Konzepten und entwarf eigene.

Die Methoden und Verfahren zu einem sozialen Umgang mit Konflikten und Gewalt, die derzeit in Deutschland angewandt werden, sind vielfältig. Ihre Konzepte unterscheiden sich hinsichtlich Zielgruppe, Zielrichtung, Methodik, Wirkung und theoretischer Begründung. Dieses Buch möchte eine Entscheidungshilfe für Schulen und Träger der Jugendhilfe bieten, die Verfahren in jeweiligen Ausprägungen besser vergleichen, in ihrer Ausrichtung einordnen und gemäß dem aktuellen Bedarf sowie im Hinblick auf Nachhaltigkeit bewerten zu können. Dazu war uns wichtig, die Darstellung nach einer durchgängigen Systematik vorzunehmen, um die Unterschiede und Besonderheiten herauszuarbeiten. Dabei haben wir die Zielgruppen von unauffällig bis strafffällig und die Ausrichtungen von präventiv über intervenierend bis postventiv berücksichtigt.

Jedes Verfahren wird zudem in seiner praktischen Ausgestaltung an einem Beispiel beschrieben. So sind Träger aufgeführt, die das genannte Verfahren umsetzen. Die Darstellung der praktischen Projekte erfolgt knapp und schließt Adresse und Website für weiterführende Informationen mit ein. Der Markt der Anbieter ist groß. Wir haben uns um Repräsentativität bemüht, erheben aber keinen Anspruch auf Vollständigkeit. Im Anschluss an die Darstellung der Verfahren haben wir an Hand von vier zielgruppenspezifischen Kategorien – alle Jugendliche, erstmals auffällige Jugendliche, aggressive und gewaltbereite Jugendliche, Multiplikatoren – die einzelnen Verfahren verortet. Die Angebote zur Ausbildung und Weiterbildung zu allen Verfahren und zu übergreifenden Kompetenzen sind in einem eigenen Kapitel aufgelistet, damit sich interessierte Leser einen kompakten Überblick verschaffen können. Hier werden zudem profilierte Forschungseinrichtungen vorgestellt, die sich seit Jahren mit dem Thema – teilweise auch im Hinblick auf die pädagogischen Anwendungen – grundlegend beschäftigen.

Der präsentierte Leitfaden ist das Ergebnis eines Forschungsprojekts „Pädagogische Konflikt- und Gewaltforschung" am Fachbereich Sozialpädagogik der Hochschule Darmstadt, das sich vor dem Hintergrund mehrjähriger Erfahrung mit einzelnen Verfahren zunächst die Erstellung der nun vorliegenden Übersicht zum Ziel gesetzt hat. Eine erste Fassung haben wir bei einer Fachtagung im März 2006 in der Bildungsstätte Alte Schule Anspach vorgestellt, um die verschiedenen Anregungen aus Praxis und Wissenschaft anschließend einzuarbeiten. Für die finanzielle Unterstützung über das „Zentrum für Forschung und Entwicklung" der Hochschule sei hiermit herzlich gedankt. Janna Bös danken wir für die wertvolle Mitarbeit bei den Recherchen.

Ein Ergänzungsband zu diesem „Leitfaden" ist für 2007 unter dem Titel „Handbuch Konflikt- und Gewaltpädagogik" geplant, zu dem maßgebliche Vertreterinnen und Vertreter der einzelnen Verfahren Beiträge verfassen und die jeweiligen Positionen und Erfahrungen aus ihrer Innensicht konturieren.

Angela Merkle, Achim Schröder

I. Thematische Einführung in die Phänomene Konflikt und Gewalt bei Heranwachsenden – Erwartungen an die Pädagogik

Einführend gilt es, die für die Thematik wichtigen Begriffe Konflikt, Gewalt und Gewaltprävention abzuwägen und die Hintergründe für die Entstehung von Gewalt als Mittel der Auseinandersetzung einzuordnen. Schließlich werden einige Kriterien aufgelistet, um die verschiedenen pädagogischen Konzepte in ihren Stärken und Schwächen beurteilen und sich im Hinblick auf den Bedarf in der jeweiligen Einrichtung entscheiden zu können.

1. Konflikte und Gewalt

Konflikte sind eine universelle Begleiterscheinung menschlichen Zusammenlebens. Dieses ist immer verknüpft mit inneren und äußeren Bedrohungen und der Mensch ist darauf aus, sich gegen solche Bedrohungen zu wehren (Hanschitz 2005, 67). Mit der Entwicklung von spezifischen Gemeinschaftsformen im Verlauf der Menschheitsgeschichte sind viele Konflikte durch Rituale und Institutionen kulturell eingebunden worden. Damit hat sich jeweils die Gestalt der Konfliktaustragung verändert, nicht jedoch das Phänomen als solches.

Die gesellschaftlichen Veränderungen der jüngsten Zeit verweisen auf ein neues Konfliktpotential, das entsteht, wenn die Menschen sich nicht mehr an vorgegebenen Normen und Milieus orientieren können, sondern vermehrt auf sich selbst zurückgeworfen sind und viele Entscheidungen treffen müssen.

Dabei sind sie Widersprüchen ausgesetzt, die einen Nährboden für Konflikte abgeben (ebd., 66). Gegensätze und Widersprüche ergeben noch keinen Konflikt, aber sie stellen die Ausgangslage dar. Hanschitz erläutert diesen Prozess an Hand von inneren Konflikten. „Im einzelnen Menschen können unterschiedliche Gefühle nebeneinander bestehen. Treten diese Gefühle jedoch, veranlasst durch eine aktuelle Situation, in Konkurrenz, behindert oder bekämpft die eine Gefühlsregung die andere, weil etwas Drittes durch eine dieser Regungen erreicht werden sollte, so sind Widersprüche die Folge. Geht es für diesen Menschen um etwas für ihn Wesentliches, werden diese Widersprüche unter Umständen zum Anlass für psychische Konflikte, da unterschiedliche Gefühlsregungen zwar je für sich ihre berechtigte Existenz haben, aber in Bezug auf etwas Erwünschtes oder etwas Erwartetes einander ausschließen" (ebd., 69 f.).

Für innere wie äußere Konflikte gilt gleichermaßen, dass eine allgemeine Definition, was ein Konflikt ist, keinen Sinn macht, weil dieses Phänomen von den Umständen und seiner jeweiligen Wahrnehmung abhängt. Deshalb ist vielmehr die entscheidende Frage die nach der Funktion eines Konflikts. Das gilt sowohl für Konflikte der unteren Eskalationsstufen wie auch für solche, die zu Gewalt führen.

Von Erving Goffmann stammt die Formulierung „Was ist hier eigentlich los?" Diese Fragestellung ist in Seminaren zur Konfliktbewältigung und Gewaltverarbeitung, in denen man Erfahrungen und Fälle aufzuarbeiten sucht, eine äußerst hilfreiche Leitfrage. Allein diese einfache Frage kann dazu verleiten, mehr und mehr jene Facetten zu sehen, die anfangs nebensächlich schienen, aber bei genauer Durchleuchtung einen Zugang zu einem latenten Sinn bieten und somit zu dem, was „eigentlich" los war (Schröder 2001).

Wenn Gewalt zum Einsatz kommt, geht es um Schädigung und Zerstörung. Ein Konflikt wird unter Einsatz von Mitteln ausgetragen, die zu Verletzung oder Vernichtung führen. Allerdings beginnt die Uneindeutigkeit von Gewalt dort, wo psychische Schädigungen vorliegen. Ein weiter Gewaltbegriff, der die psychischen Dimensionen einbezieht, ist mit dem Problem konfrontiert, dass solche Destruktionen von der subjektiven Wahrnehmung der Betroffenen abhängig sind; man kann sie im Unterschied zu äußeren Verwüstungen nicht direkt sichtbar machen (Heitmeyer/Soeffner 2004, 11 f.). Die klassische Definition der Gewalt grenzt deshalb strikt ein und kennzeichnet Gewalt als „absichtsvolle physische Verletzung von Menschen durch Menschen" (Nunner-Winkler 2004, 92). Angesichts von einer – bei Vergewaltigungen oder bei einer Misshandlung von Kindern – unmöglichen Trennung zwischen physischen und psychischen Schädigungen und damit zwischen Schmerzen und Angst (Brumlik 2006, 148 f.) erscheint eine solche Eingrenzung nicht angemessen.

Für die Gewaltforschung sind grundsätzlich zwei Perspektiven von Relevanz, die auf Täter (warum handeln sie so?) und die auf Opfer (was geschieht mit ihnen?). Die Täter-Erforschung kommt nicht umhin, auch die gesellschaftlichen Umstände einzubeziehen, die das Gewissen der Einzelnen möglicherweise lockert und aggressiven Gefühlen zum Durchbruch verhilft, die zuvor unterhalb von zivilem Umgang verborgen waren. „Wenn durch das verfehlte Vorbild der Staaten die soziale Angst im Einzelnen gelockert wird, verhält auch er sich mit einer Brutalität, die so nicht zu erwarten war und daher Anlass zur Enttäuschung liefert" (Brumlik 2006, 160). Dieses Statement von Micha Brumlik, das sich auf die zwei deutschen Weltkriegs-Erfahrungen bezieht, beschreibt auch jene Prozesse der „Erlaubigung" von Gewalt in modernen Kriegen wie im Irak oder im Gefängnis von Guantanamo.

Die Sensibilität gegenüber psychischer Gewalt ist erheblich gewachsen in den vergangenen Jahren, wenn heute Mobbing am Arbeitsplatz oder aggressives Ausgrenzen in der Schule zum Thema geworden sind (Seiffge-Krenke 2005). Auch unterlassene Hilfeleistung oder systematische Verwahrlosung innerhalb der Familie werden als gewalttätiges Verhalten wahrgenommen und vermehrt geahndet.

Allerdings spielen die Medien hier eine zweischneidige Rolle. Einerseits tragen sie zur Aufdeckung und Skandalisierung bei, andererseits bedienen sie Sicherheitsängste in der Bevölkerung und erfüllen den Bedarf an Projektionen auf schwache Bevölkerungsgruppen und solche ohne einen abgesicherten Status.

Dazu gehört auch die Gruppe der Jugendlichen. Nahezu alle Medien bedienen – vor allem bei aktuellen Ereignissen – gerne das Bild des immer mehr und immer härter. Wie verschiedene Autoren ausführlich belegt haben, bietet die Strafverfolgungsstatistik für eine solche Dramatisierung keine Anhaltspunkte. Langfristige Berechnungen haben ergeben, dass bei den Tatverdächtigen der prozentuale Anteil der tatverdächtigen Kinder, Jugendlichen und Heranwachsenden an der Gesamtheit der Tatverdächtigen zwischen 1963 und 1994 sogar gesunken ist (Wolffersdorff 2002, 498 f.). Andere Untersuchungen zeigen eine deutliche Zunahme der polizeilich registrierten Gewaltdelikte in den 90er Jahren, „während die Zahlen in diesem Bereich seit 1997 wieder rückläufig sind“ (ebd., 500). Und für die Frage, ob Gewalt an Schulen zugenommen hat, kommen Melzer u.a. in ihrer Zusammenfassung aktueller Studien zu dem Ergebnis, dass in den 80er und 90er Jahren das Gewaltausmaß angestiegen, aber auf einem dann erreichten Niveau bis heute konstant geblieben ist (2004, 95).

Eine Dramatisierung sei nicht vertretbar, ist die einhellige Meinung der Empiriker. Dennoch zeitigt die allgemeine Stimmungsmache ihre Wirkungen – auch beim beruflichen Selbstverständnis der Jugendhilfe. Häufig werden neue Jugendarbeitsprojekte und Mittelanträge mit zunehmender Gewaltbereitschaft begründet. Anträge auf Zuwendungen und zusätzliche Mittel scheinen vor allem dann eine Chance zu haben, wenn die Maßnahmen präventiv und vor allem gewaltpräventiv verortet sind.

2. Gewaltprävention und Jugendpädagogik

Das Label „Gewaltprävention" birgt eine Reihe von Gefahren. Mit einer Prävention möchte man einer Intervention zuvorkommen. „Vorbeugen ist besser als Heilen", sagt schon der Volksmund. Man sollte nicht erst tätig werden, wenn das Kind schon in den Brunnen gefallen ist. Insofern ist einleuchtend und sinnvoll, Kinder und Jugendliche frühzeitig so zu stützen, dass sie keine gewalttätigen Mittel zur Konfliktaustragung benötigen. Allerdings sollten wir die Effekte betrachten, die mit einer Verschiebung der Paradigmen hin zur Prävention verbunden sind.

Drei Aspekte sind dabei wichtig: Erstens die Ausrichtung auf Abweichung von einer Norm, zweitens die Gefahr der Überwachung und drittens die Veränderung im Selbstverständnis von Jugendarbeit.

(1) Prävention als vorverlagerte Intervention versucht zu verhindern, was noch nicht eingetreten ist. Prävention muss von daher definieren, was als Störendes oder Abzuwendendes gilt und enthält ein Bild von dem, was als normal anzusehen ist (Mensching 2005, 19). Prävention versucht den Abweichungen von der Norm vorzugreifen und muss sich im Kern an dem orientieren, was man verhindern möchte. Prävention fokussiert deshalb die potentiellen Defizite. Nun versuchen viele gewaltpräventive Konzepte, ressourcenorientiert zu arbeiten und die Stärken der Kinder und Jugendlichen aufzugreifen und zu erweitern. Dennoch bleibt ein Zusammenhang zu dem bestehen, was man verhindern möchte.

(2) Die zweite Gefahr einer vorrangig auf Prävention aufbauenden Argumentation liegt in der Tendenz zur Überwachung. Prävention, ich zitiere Bröckling, „installiert technische Kontrollsysteme und nutzt soziale Netzwerke“ (2004, 210). In den 90er Jahren sind in ganz Deutschland Präventionsbeiräte eingerichtet worden, die sich vielfach zum Ziel gesetzt haben, den öffentlichen Raum zum Teil per Video zu überwachen und im Sinne von „Null Toleranz“ bereits die kleinsten Delikte aufzuspüren. Allein der bloße Aufenthalt von Jugendlichen an öffentlichen Plätzen kann „als präventionsorientierter Sachverhalt gelten“ (Freund/Lindner 2001, 218). Politiker schmücken sich gerne mit solchen Aktivitäten, weil sie in der Bevölkerung gut ankommen, weil sie deren Sicherheitsbedürfnis aufgreifen (KPRD 1999, Klees u.a. 2003, 7). Ängste vor Jugendlichen mit abweichendem Verhalten haben eine lange Tradition, aber hinzukommen aktuell Ängste, die sich aus dem entwickeln, was Ulrich Beck bereits in den 80er Jahren mit dem Begriff „Risikogesellschaft“ umschrieben hat. Der Einzelne kann in einer unübersichtlichen Welt die vielen Unwägbarkeiten nicht mehr abschätzen und ist dennoch dazu gezwungen, in vermehrt eigener Verantwortung damit zurechtzukommen. Auf diese Weise werden Konflikte individualisiert. Insofern kann die Prävention als stille Begleiterin der Risikogesellschaft bezeichnet werden (Strasser/van den Brink 2005, 5) und sogar zur Risikophobie ausarten. Denn die Sicherheitsbedürfnisse werden unstillbar sein und jeweils neue Präventionsmaßnahmen hervorbringen. Prävention befindet sich damit in einem Teufelskreis, weil sie neue Prävention evoziert und Kriminalität zu einer mehr und mehr bedrohlichen, sozialen Tatsache macht (Mensching 2005, 21).

(3) Das Selbstverständnis von Jugendarbeit – so wie es in seiner allgemeinsten Form im KJHG verankert ist – zeichnet sich im Kern dadurch aus, Jugendliche in ihrer Entwicklung zu einer

eigenen Persönlichkeit zu fördern, damit diese ihr Leben möglichst selbstbestimmt gestalten können. Dazu gehören auch die Fähigkeiten und Kompetenzen zur aktiven Teilnahme am gesellschaftlichen Miteinander und somit zur politischen Teilhabe und Einmischung. Wir können froh sein über die Formulierung zur Jugendarbeit im KJHG, weil sie eindeutig die Förderung und Anregung hervorhebt und nicht auf Verhinderung und Stigmatisierung angelegt ist. Würde der § 11 heute neu verfasst, wäre zu befürchten, dass die Prävention explizit einfließt und die Jugendarbeit ihr vielleicht sogar untergeordnet würde.[1] Jugendarbeit ist auf die Ressourcen und ihre aktive Weiterentwicklung durch die Jugendlichen selbst ausgerichtet – und das nicht erst, seitdem ressourcenorientierte Ansätze in aller Munde sind.

Im Vergleich zu anderen Feldern der Jugendhilfe, in denen es um gezielte pädagogische oder therapeutische Maßnahmen als Hilfen zur Erziehung unter möglicher Einbeziehung von richterlichen Anweisungen geht, ist die Jugendarbeit offenbar am stärksten von dem Paradigmenwechsel bedroht, der mit dem Ziel der Gewaltprävention verknüpft ist. Diese Ausrichtung fördert die Tendenz, die Ursachen für gewaltbereites Verhalten vorrangig an der Person festzumachen. Die problematischen gesellschaftlichen Verhältnisse als Hintergründe für schwierige Lebenslagen geraten aus dem Blick, wenn wir einer „Fokussierung auf unerwünschtes Verhalten“ (Mensching 2005, 22) alle Türen öffnen.

---

1 Der Kriminalitätsforscher und ehemalige niedersächsische Innenminister Christian Pfeiffer hat kürzlich in einem Interview mit der *tageszeitung* (taz) die Auffassung vertreten, dass die NRW-Landesregierung das Geld statt in Jugendzentren lieber in präventive Projekte stecken sollte. Das Interview, einige Ergebnisse aus Pfeiffers jüngster Studie sowie ein von 1000 Personen unterzeichneter Offener Brief (von Lindner, Scherr, Sturzenhecker) können im i-Punkt 2-2006 unter der Adresse www.ABA-Fachverband.org nachgelesen werden.

(4) Auch für die Schulpädagogik sind die Gefahren nicht zu übersehen, die in einer die Defizite betonenden Prävention liegen. Das deutsche Schulsystem ist von seiner Grundstruktur eher auf Ausgrenzung von leistungsschwachen oder schwierigen Schülerinnen und Schülern als auf deren Integration angelegt. Die schulischen Konfliktgeschichten von Jugendlichen, die pädagogisch aufgegeben werden, hat eine jüngst erschienene Untersuchung präzise analysiert (von Freyberg/Wolff 2005 und 2006). Der präventive Blick kann dazu verführen, die auffälligen Kinder und Jugendlichen an spezielle Maßnahmen oder Einrichtungen oder Räume innerhalb der Schule zu verweisen, sie noch frühzeitiger auszugrenzen. Diese Gefahr besteht vor allem dann, wenn die Funktionsfähigkeit von Schule und der möglichst reibungslose Unterricht als Richtschnur gelten. Eine davon zu unterscheidende pädagogische Haltung gegenüber den Schülerinnen und Schülern als Subjekte ihrer Geschichte und ihrer Umgebungseinflüsse weist einen anderen Weg. Dabei geht es keinesfalls darum, die Heranwachsenden als Opfer ihrer Verhältnisse entschuldigend in Schutz zu nehmen, sondern jeweils geeignete Hilfen, Stützen und Maßnahmen auszuwählen oder zu entwickeln, die an deren Ressourcen ansetzen und die jungen Menschen sowenig wie möglich aus den Kontexten herauslösen. Eine derartige auf das Bauen von Brücken und auf Integration ausgerichtete pädagogische Arbeit in Schulen ist vor Ort oft mit einer Reihe von Hindernissen und eben anderen Traditionen konfrontiert. Doch die Schule könnte die Kooperation mit außerschulischen pädagogischen Einrichtungen dazu nutzen, um einen weiteren Wandel der Haltungen voranzubringen.

Was folgt aus diesen Überlegungen zur Prävention? Sicher nicht, keine präventive Arbeit zu machen. Aber es ergeben sich kritische Nachfragen an präventive Konzepte und deren möglicherweise verengte Ausrichtung. Und es ergeben sich Erwartungen an eine Prävention mit einer angemessen weiten Perspektive auf die Lebenswelt der Heranwachsenden und auf Versuche, ihnen eine Teilhabe zu ermöglichen und sie zur Partizipation anzuregen. Ganz offensichtlich ist mit Prävention sehr Verschiedenes gemeint. Das muss eben benannt werden.

3. Gewalt und ihre Ursachen

Fragt man nach den Ursachen von Gewalt und speziell Jugendgewalt, so zeigt sich ein großes Bündel von Einflussfaktoren. Diese Faktoren können wir einteilen in individuell-biografische Faktoren auf der einen Seite und strukturell-gesellschaftliche Faktoren auf der anderen Seite.

Für die erste Seite sind vor allem zu nennen: Übergriffe und Misshandlungen in der Familie; aggressive oder drogensüchtige Lebensformen der Eltern; andere traumatische Erlebnisse; spezielle Gewalterfahrungen im Umgang mit Gleichaltrigen.

Hier zeigt sich bereits, wie schwierig die genannte Einteilung ist, weil alle Einflüsse sozial und kulturell durchdrungen sind. Auffällig ist das bei dem Umgang mit Gleichaltrigen, aber selbstverständlich sind auch die innerfamiliären Erfahrungen keine isolierten Erfahrungen; auch sie haben eine soziale Geschichte.

Dennoch will ich kurz auf die anderen Faktoren zu sprechen kommen, die ich als strukturell-gesellschaftlich bezeichnet habe: Armut, Arbeitslosigkeit und andere Lebenslagen, die eine gesellschaftliche Ausgrenzung zur Folge haben; gewaltbereite Jugendkulturen und Cliquen mit dem dazugehörigen gesellschaftlichen Nährboden wie Rechtsradikalismus, Patriotismus oder kulturelle Überheblichkeit; Gewaltdarstellungen und Gewaltverherrlichungen in Medien und Politik.

Die verschiedenen empirischen Studien zur Entstehung von Gewalt und Gewaltbereitschaft können zwar zeigen, dass einzelne Faktoren von der Tendenz her verursachend sind, aber sie können kaum einen direkten Zusammenhang zwischen Ursache und Wirkung herstellen. Wenn wir starke Korrelationen beispielsweise zwischen den prekären Lebenslagen in einer Siedlung und einer erhöhten Gewaltbereitschaft feststellen, können wir die Lebenslage als einen verstärkenden Faktor deuten, nicht jedoch direkt als Ursache zuordnen.

Ich greife nun die frühen Erfahrungen in der Interaktion von Kindern mit ihren Eltern als jenen Faktor heraus, für den am deutlichsten ein Zusammenhang zur späteren Gewalt nachgewiesen wurde.

4. Misshandlungen in der Familie als Wurzel von Gewalt

Martin Dornes kommt bei seiner Gegenüberstellung von international verfügbaren empirischen Studien über die Auswirkung gewalttätiger Erziehungspraktiken zu dem Ergebnis, dass der weitaus größte Teil der chronisch gewalttätigen Jugendlichen und jungen Erwachsenen in der Kindheit laufend misshandelt wurde. Damit ist nicht eine gelegentliche Züchtigung gemeint, sondern eine Familieninteraktion, die sich durch mehrere der folgenden Faktoren auszeichnet: „1.) mangelndes Disziplinmanagement (lax oder verstrickt), 2.) keine positive Beziehung zum Kind, 3.) fehlende Überwachung von und (fehlendes) Interesse für die kindlichen Aktivitäten, 4.) harte strafende Erziehungspraktiken, 5.) ‚broken-home'-Konstellation, 6.) Alkoholismus, Kriminalität und Aggressivität der Eltern" (2004, 78).

Bei den meisten derjenigen, die später in eine Gewaltkarriere geraten, hat sich schon in der Kindheit deutlich aggressives Verhalten gezeigt. Allerdings wird nicht jedes misshandelte Kind später zum Gewalttäter. Die verinnerlichte Gewalt kann auch zu autoaggressivem Drogenkonsum oder in die Depression führen.

Warum fällt es den Heranwachsenden so schwer, sich von ihrer Hypothek zu befreien? Dornes verweist vor allem auf den psychischen Mechanismus, das passiv Erlittene in aktiv Ausgeübtes verkehren zu müssen. Misshandelte Kinder schreiben sich die Verantwortung für das Erlittene selbst zu, „weil sie nur so die Phantasie aufrechterhalten können, dieses wäre im Prinzip oder durch eine Änderung des eigenen Verhaltens zu beeinflussen gewesen. Nichts scheint schwerer auszuhalten, als das Unbeeinflussbare und Sinnlose" (ebd., 83). Mit dieser Verantwortungsübernahme wandert die traumatisierte Erfahrung ins Subjekt und setzt sich dort fest. Es entsteht ein entwertetes Selbstbild, das im weiteren Verlauf des Lebens dazu führt, das Unerträgliche durch Selbstschädigungen oder Gewaltausübungen erträglich zu machen.

Eine gewaltfreie Kindheit schützt umgekehrt zwar nicht vor einer späteren Entwicklung zu gewaltbereitem Verhalten, aber nur äußerst selten werden solche Kinder chronisch gewalttätig. Dornes zitiert eine Studie, die eine Rate von nur 4,5% bei den jugendlichen Mehrfachgewalttätern ermittelt hat, die eher gewaltfrei erzogen wurden und keine kontinuierlichen Übergriffe durch ihre Eltern erlitten haben.

Die durch Erhebungen unterfütterte Aussage, dass misshandelte Kinder sehr häufig zu Gewalttätern werden, mag nicht überraschen. Aber die Stabilität von einer einmal entstandenen Disposition ist schon bemerkenswert. Zudem verweisen die Untersuchungen auf die herausgehobene Bedeutung von Erziehungspraktiken für die Entwicklung von sozialem oder antisozialem Verhalten. Der Interaktion zwischen Eltern und Kindern fällt dabei eine zentrale Funktion zu. Das entspricht einer Akzentverschiebung in vielen Forschungen der vergangenen Jahre – von einer intrapsychischen zu einer interpsychischen Sichtweise in der Psychoanalyse und von einer strukturalen zu einer interaktionistischen Sichtweise in der Soziologie. Das bedeutet aus psychoanalytischer Perspektive, die bewussten und vor allem unbewussten Entwicklungsprozesse als in der Beziehung, in der Relation zwischen Kind und Bezugsperson entstandene zu begreifen. Das Baby bzw. das Kind ist kein isoliertes sondern ein von Beginn an intersubjektives Wesen. Es wird erst über die Intersubjektivität zum Wesen. Es ist davon abhängig und davon durch und durch geprägt. In der Soziologie ist in dieser Hinsicht eine ähnliche Tendenz insofern wahrzunehmen, als die soziale Interaktion, also die Austauschprozesse im sozialen Leben, in ihrer Bedeutung für Sozialisation und Identitätsbildung eine größere Aufmerksamkeit erlangen.

In der Kategorie der „Anerkennung" konvergieren diese Sichtweisen (Honneth 1992 und Fraser/Honneth 2003). Denn der „Kampf um Anerkennung" beginnt im intersubjektiven Austausch zwischen Eltern und Kind ab der frühesten Zeit und im Austausch lernt das Kind, die Signale zu deuten und für sich zu nutzen. Ein Kind, dem wenig Beachtung und Anerkennung zuteil wurde, ist nicht nur in seinem Selbstbild verunsichert, weil Bestätigung und Resonanz gefehlt haben, es wird vielmehr auch in der sozialen Interaktion mit anderen auf einen nur schmalen Fundus zurückgreifen können. Kleinste abweichende Handlungen werden auch deshalb als bedrohlich empfunden, weil das Repertoire zur Interaktion eingeschränkt ist. Fehlende Anerkennung im sozialen Raum ist vor diesem Hintergrund naheliegend, was weitere Kränkungen und Entwertungen nach sich zieht.

5. Gewaltmotive bei Jugendlichen – zweckgerichtet, intrinsisch, expressiv

Einige jüngere Studien zur Jugendgewalt – wie die von Sutterlüty (2004) – suchen nicht nach biografischen oder gesellschaftsstrukturellen Erklärungen der Gewaltbereitschaft, vielmehr untersuchen sie das Handeln selbst. Sutterlüty hat dazu auf der Grundlage von Interviews und Beobachtungen Gewaltkarrieren von Jugendlichen nachverfolgt. Seine Studie setzt am Gewaltgeschehen an und ergründet den subjektiven Sinn, den die Taten für die Täter haben mögen. Häufig spielt ein zweckgerichteter Sinn eine wichtige Rolle, wenn das Gewalthandeln eingesetzt wird, um materielle Güter oder soziale Vorteile zu erreichen. Das gilt auch dann, wenn sich die Ziele aus den Normen und Werten einer Gruppe erklären lassen, wie bei Rechtsradikalen oder auch Fangruppen, die gezielt darauf aus sind, eine konkurrierende Gruppe zu verletzen. Die Ziele sind handlungsanleitend und Gewalt gilt als probates Mittel zur instrumentellen Erreichung der Ziele.

Eine genaue Analyse von Handlungsgeschehen zeigt jedoch, dass andere Motivlagen und Handlungstypen im Spiel sind als die zweckgerichtet geplanten. Der Straßenräuber weiß nicht wie das Opfer reagiert, ist plötzlich mit einem herausfordernden Verhalten konfrontiert und greift im Affekt zu unverhältnismäßiger Gewalt (ebd., 105 f.). Oder: Zwei Banden bereiten sich auf eine Auseinandersetzung vor, sind aber mit anderen Waffen konfrontiert, als sie es erwartet hatten und überreagieren aus der Situation heraus.

Gewalttaten können unerwartet euphorisierende Erlebnisse auslösen und sie können zum sprichwörtlichen „Ausklinken" führen. Nicht mehr der Zweck ist handlungsanleitend sondern die mit der Gewalt verbundenen Affekte und Interpretationsmuster. Sutterlüty spricht hier von einem intrinsisch motivierten Gewalttäter, der nicht absichtsvoll diese anderen Erfahrungen herbeiführen wollte, die erst im Gewalthandeln selbst entstehen. Gewalt wird unter der Hand zum Selbstzweck. Die intrinsischen, also von innen her kommenden Impulse sind aus familiären Sozialisationserfahrungen hervorgegangen; in Situationen der Gewaltausübung beherrschen diese Impulse die Wahrnehmung der Täter (ebd., 108). Die besonderen Erfahrungen von Demütigung, Nichtanerkennung und Ohnmacht werden in gewaltaffinen Interaktionen bei den Jugendlichen wachgerufen. „Sie erkennen im Verhalten ihrer Interaktionspartner vorschnell die Absicht, sie erniedrigen oder ihnen zu Leibe gehen zu wollen. Diese Wahrnehmung bestimmt ihre Situationsdefinitionen, wenn sie gewalttätig werden. Oft genügt ein Blick des anderen, in den sie dessen Verachtung oder Aggressionsbereitschaft hineinlesen; in falsches Wort des anderen kann Anlass genug sein, um ihre gewaltsame Gegenwehr herauszufordern“ (ebd.).

Französische Soziologen haben die bereits in den 90er Jahren in französischen Vorstädten erlebten Gewaltausbrüche mit dem Adjektiv „expressiv“ belegt. Sie wollten damit eine ungerichtete Wut kennzeichnen, die keine Ziele direkt erkennen lässt und sich offenbar wahllos gegen Sachen und Menschen richtet. Hier werden innere emotionale Zustände und damit eine spezifisch geprägte Identität vor einem Publikum nach außen gekehrt. Die Jugendlichen teilen etwas mit über sich und ihre Situation, ohne ein erklärtes Ziel zu verfolgen. Die Art ihrer Ausdrucksform lässt sich nur mit den besonderen Demütigungserfahrungen in Familie und Gesellschaft erklären; insofern reproduziert sich in der Straßengewalt dieses Muster und wir haben es mit intrinsisch motivierter Gewalt zu tun. Zugleich und parallel dazu enthalten die Aktionen eine Botschaft und sind – wenn auch im Verborgenen – durch einen Zweck motiviert. In dieser expressiven Gewalt überlagern sich somit verschiedene Handlungsmotive, die intrinsischen und die zweckgerichteten.

6. Adoleszenz als Schauplatz für entwicklungsbedingte und kulturelle Konflikte

Wenn wir über Formen der Konfliktaustragung im Jugendalter und mögliche Interventionen sprechen, müssen wir uns auch darüber verständigen, welche spezifischen Konflikte in dieser Lebensphase virulent sind und wie diese die Interaktionen beeinflussen. Teilweise wird in der Fachliteratur die Jugendgewalt dementsprechend als von ihrer Tendenz episodenhaft bezeichnet und den alters- und entwicklungsbedingten Konflikten zugerechnet. Die Erfahrungen und Daten zeigen jedoch, dass sich gewaltaffines Verhalten keineswegs bei allen Jugendlichen mit der weiteren Entwicklung „auswächst", es vielmehr – durch bestimmte jugendliche Subkulturen und Cliquen oder andere gesellschaftlichen Einflüsse gefördert – zu einem stabilen Muster werden kann.

Mit der Jugendphase steht ein Abschied von der Kindheit und ein Lösen aus der kindlichen Rolle an, um in die Gesellschaft hineinwachsen zu können. Dazu müssen Jugendliche eine gewisse Stabilität ihrer Persönlichkeit entwickeln und gesellschaftsfähig werden. Deshalb haben die Konflikte, die sich mit Jugendlichen abspielen, immer eine entwicklungsbedingte und eine gesellschaftliche Seite. Mit der heraufziehenden Moderne wurden die adoleszenten Konflikte als innere Konflikte „entdeckt" und fanden ihren Niederschlag in großen literarischen Werken wie im „Werther" von Goethe oder im „Frühlingserwachen" von Wedekind. In heutigen westlichen Gesellschaften können sich diese Konflikte auf sehr unterschiedlichen Feldern im Innen wie im Außen zeigen. Vorrangig zeigen sie sich als Konflikte mit den eigenen Eltern und deren Generation und sie zeigen sich gegenüber den gesellschaftlichen Vorgaben. Als diese Maßstäbe vor einigen Jahren noch vergleichsweise eng waren, ging die Jugend mit den Normen und Werten in einen Streit, entfachte verschiedene Wellen von

Jugendprotesten und hat für eine normative Aufweichung gekämpft. Gesellschaftlich gesehen bieten die Normkonflikte heute kaum noch Zündstoff. Zwar geht es innerhalb der Familien in der Auseinandersetzung mit den pubertierenden Kindern weiterhin sehr viel um Fragen der alltäglichen Regulierung, was man in welchem Alter darf und wie die Verbote einzuhalten sind, beim Rauchen, beim Trinken, beim Weggehen usw. Aber gesellschaftlich betrachtet können wir eine Verschiebung „von kulturellen Normkonflikten hin zu sozialen Bewältigungskonflikten" (Hafeneger 1995, 98) beobachten. Bei dem Versuch, einen ökonomisch abgesicherten Platz in einer Gesellschaft mit steigender Arbeitslosigkeit zu ergattern, geraten die Jugendlichen unweigerlich in eine Konkurrenz untereinander. Dadurch entstehen vermehrt Konflikte zwischen Szenen und Gruppierungen von Jugendlichen. Es verschieben sich die Konfliktlinien von bislang vor allem Generationskonflikten hin zu Konflikten innerhalb einer Generation. Die neoliberale Ausrichtung der Gesellschaft verstärkt diese Tendenz. Sie führt zu einem Kampf von jedem gegen jeden.

Diese Verschiebung der Konfliktfelder sollte uns jedoch nicht dazu verführen, den Kern der Adoleszenz aus den Augen zu verlieren. In der Jugendphase tauchen – in allen Kulturen – Spannungen und Polaritäten auf, die sich im Wesentlichen aus der Generativität ergeben; „denn das Heranwachsen bedeutet für die Jugendlichen, selbst an die Stelle der Eltern treten zu sollen. Das ist ein Faktum. In der unbewussten Phantasie ist das Erwachsenwerden naturgegeben etwas Aggressives. Und das Kind bleibt jetzt nicht länger Kind" (Winnicott 1971, 163).

Jugendliche haben in dieser Lebensphase mit Spannungen zu kämpfen zwischen Altem und Neuem, zwischen der Geborgenheit in der Gefühlswelt der Kindheit und den Anforderungen einer aus diesem Zentrum heraustretenden Person. Die anstehenden Herausforderungen im Jugendalter, die sich aus dem Drang zu einer größeren Selbständigkeit und Autonomie als in Zeiten der Kindheit ergeben, sind nicht einfach und gradlinig zu bewältigen. Sie stürzen das Individuum in Krisen der unterschiedlichsten Form, die man als Adoleszenzkrisen bezeichnen kann, die allerdings Konflikte thematisieren, die auch in anderen Lebensphasen eine große Rolle spielen können. Der zentrale Konflikt, den jeder Mensch immer wieder mit sich auszutragen hat und den man aufgrund der speziellen Konstellation häufig in der Jugendphase sehr drastisch erlebt, ist der zwischen Bindung und Autonomie (Schröder 2006).

7. Kriterien für einen Vergleich jugendpädagogischer Verfahren zu Konflikt und Gewalt

Die folgenden acht Kriterien zur Unterscheidung zwischen den Verfahren und zur Beschreibung von Gemeinsamkeiten ergeben sich großenteils aus den bisherigen Ausführungen und spitzen darüber hinaus einige Merkmale deutlicher zu. Das gilt vor allem für die in der achten These vorgestellten vier Orientierungen, die – je nach Menschenbild, theoretischer Ausrichtung oder sozial-politischer Haltung – in unterschiedlicher Ausprägung und in verschiedenen Mischungsverhältnissen in den einzelnen Verfahren erkennbar sind.

Der geneigte Leser möge ein Durchdenken dieser Orientierungen und eine Anwendung der anderen Kriterien auf das von ihm präferierte Verfahren selbst durchführen. Wir haben bewusst eine derart dezidierte Bewertung aus unserer Sicht nicht vorgenommen. Aber wir möchten vermitteln, worauf aus unserer Sicht zu achten ist.

1. Die pädagogischen Verfahren gilt es im Hinblick auf vier Zielgruppen zu unterscheiden, die Angebote sind entsprechend anders auszurichten.

(a) **Alle** (auch als „primäre Prävention" bezeichnet)
Eine Ausbildung in sozialer Kompetenz und damit einer ausgewogenen Fähigkeit zwischen den Bedürftigkeiten des Selbst und einer Anerkennung des Anderen ist für alle Heranwachsenden wichtig – vor allem in einer den Einzelnen freilegenden Gesellschaft.

(b) **Gefährdete Jugendliche** („sekundäre Prävention")
Vorbeugende Hilfe für Jugendliche, die sich abweichend verhalten und besonderen Gefährdungen ausgesetzt sind.

(c) **Mehrfach gewaltauffällige Jugendliche** („tertiäre Prävention", heute eher: „Intervention", Böllert 2001, 1394)
Hier werden Maßnahmen zur Nachsozialisation, zum nachholenden Erwerb von basalen kognitiven und emotionalen Kompetenzen angeboten.

(d) **Multiplikatoren**
Eine Ausbildung zu Konflikthelfern, Peer-Moderatoren und anderen Multiplikatoren in der Jugend- und Schülerarbeit erfordert ein weitergehendes Selbstverständnis im Hinblick auf Verantwortungsübernahme, der allerdings oftmals von Peer zu Peer deutliche Grenzen gesetzt sind.
Manche Verfahren zielen in der hauptsächlich auf eine Kompetenzerweiterung der Pädagoginnen und Pädagogen ab und sind nicht auf eine Arbeit mit Jugendlichen direkt hin angelegt; sie entfalten ihre Wirkungen über Multiplikatoren.

2. **Konflikte sind Selbstbehauptungsversuche**, sie sind lebensbegleitend und lebensnotwendig. Dazu gehört auch, eigene Interessen und Bedürfnisse aktiv und teilweise aggressiv einzubringen und umzusetzen. Insofern fällt den pädagogischen Verfahren die Aufgabe zu, sozial verträgliche und auf **Anerkennung des Anderen** basierende Wege der Selbstbehauptung aufzuzeigen und praktisch zu erproben. Eine solche Anerkennung ist unlösbar verknüpft mit einer Anerkennung des Selbst. Wie leiten die verschiedenen Verfahren solche Erkenntnisprozesse ein?

3. In der **Adoleszenz** kommen Konflikte wegen der anstehenden Eigenständigkeit eine existenziellere Bedeutung. Diese Lebensphase ist für viele eine harte Bewährungsprobe. Dementsprechend fragt sich, ob innerhalb eines Konzepts diese Konfliktdimensionen angemessen berücksichtigt werden. Dazu bedarf es des Raums und der Kompetenz, durch fallspezifische Reflexion das jeweilige Geschehen zu deuten.

4. Die **Erreichbarkeit der Person** ist eine zentrale pädagogische Maxime. Das gilt für die kognitive Ebene (Anknüpfen von Kenntnissen und Erfahrungen) und die emotionale Ebene (angemessener Umgang mit Abwehrmechanismen). Personen, die es erlebt haben und gewohnt sind, Grenzen zum Anderen körperverletzend zu überschreiten, brauchen andere „Ansprachen". Ein Verfahren lässt sich danach beurteilen, welche Zugänge zu den Subjekten auf diese Weise möglich sind.

5. Lernprozesse können nur gelingen, wenn sie die Individuen aktiv mittragen. Ein nur äußerliches Wissen über Konflikt und Gewalt, das vom Individuum nicht verstanden oder nicht nachempfunden wird, bleibt relativ folgenlos. Pä-

dagogische Konzepte können danach befragt werden, welche **kreativen Spielräume** sie den Individuen bieten, ihre je eigenen Kombinationen zwischen neuen Anregungen und vorhandenem Eigensinn zu entwickeln.

6. Ein weiteres Kriterium ist die **Reichweite von Maßnahmen**, das heißt die Frage, inwieweit sie eine individualisierende Perspektive verfolgen oder die Lebenswelt der Betroffenen einbeziehen (Schumann 2005, 13). Wird vorrangig das Ziel verfolgt, die Individuen zu einer Anpassung an Normen und Standards zu bewegen oder wird zugleich ihre Aktivierung befördert und damit ihre Chance, sich in ihre Milieus und Lebenswelten gestaltend einzubringen?

7. Damit ist zugleich ein anderes Selbstverständnis von **Prävention** verbunden. Ein individualisierendes, normorientiertes Verständnis kann zu einer Überwachungsstrategie führen. Ein lebensweltorientiertes Verständnis betont die Gestaltungsfunktion der sozialen Arbeit.

8. Die verschiedenen pädagogischen Verfahren stehen für differente Auffassungen über die Veränderbarkeit des Menschen und die jeweiligen Hebel zur Einflussnahme. Die Verfahren präferieren **verschiedene Ansatzpunkte** bei den Subjekten. Sie fokussieren das Verhalten, die Gedanken, die Affekte, die Probleme oder soziale Situation und arbeiten alle mehr oder weniger auf eine Verknüpfung hin. Für einen Vergleich bieten sich vier Orientierungen an.

(a) **Verhaltensorientierung**

An dem Verhalten und an den Handlungen anzusetzen bedeutet zumeist, deren Wirkungen und Folgen erkennbar zu machen und sie mit einer Ethik zu verknüpfen. Die gewohnten und gängigen Verhaltens- und Reaktionsmuster sollen durch andere Verhaltenselemente Schritt für Schritt ersetzt werden. Hier kann man zudem unterscheiden zwischen einer Einübung unter Laborbedingungen oder unter Alltagsbedingungen. Das betrifft die Übertragbarkeit neuer Verhaltensweisen in den Alltag.

(b) **Reflexionsorientierung**
Geht man davon aus, dass eine nachhaltige Veränderung von Verhalten nur über ein selbstbezügliches Nachdenken und Nachempfinden zustandekommt, spielen Reflexionen und Selbstreflexionen eine besondere Rolle. Die Emotionen nicht nur anzusprechen sondern auch in eine Reflexion zu überführen, ist zumeist schwieriger als der kognitive Austausch. Wer wenig Reflexion in seinem Leben erfahren hat, verfügt über entsprechend große Barrieren.

(c) **Bildungsorientierung**
Diese Dimension hebt hervor, dass es vor allem darum gehen muss, die Lebenskompetenzen in ihren verschiedenen Facetten zu erweitern. Das entspricht den Bildungszielen von Jugendarbeit, die auf Anregung und Förderung ausgerichtet ist und die Prozesse der Selbstbildung zu unterstützen sucht. Im Training werden ausgewählte Kompetenzen aufgegriffen und fortentwickelt; Bildung geht vom Eigensinn der Subjekte aus und zielt darauf ab, sich selbst und die Welt zu begreifen.

(d) **Partizipationsorientierung**
Mit dieser Ausrichtung ist die Vorstellung verbunden, dass nur eine Einbeziehung der lebensweltlichen und kulturellen Kontexte zu einer wirksamen Veränderung führen kann. Das bedeutet, gesellschaftliche Teilhabe zu erreichen. Soziale Anerkennung setzt Teilhabe voraus. Partizipation kann Gegenstand der Angebote und Maßnahmen sein, führt aber unweigerlich zu einem sozialpolitischen Mandat.

II. Mit Konflikten und Gewalt umgehen lernen – jugendpädagogische Verfahren und Methoden im Überblick

1. Konfrontative Pädagogik

Die Konfrontative Pädagogik wird seit Ende der 80er Jahre in der Arbeit mit jugendlichen Straftätern wiederbelebt. Sie steht nicht für eine in sich geschlossene pädagogische Theorie, sondern bezeichnet „einen pädagogischen Handlungsstil, eine Methodik im Kontext eines auf Demokratie und auf Förderung von Selbstverantwortung des Klienten zielenden erzieherischen Prinzips" (Kilb 2005, 38). Der „Konfrontative Handlungsstil in der Sozialen Arbeit" (KSA) versteht sich als eine Ergänzung und nicht als Alternative zur lebensweltorientierten Sozialarbeit, als die „ultima ratio" für mehrfachauffällige, gewaltbereite junge Menschen, wie Rainer Kilb und Jens Weidner sie bezeichnen (Kilb/Weidner 2003, 38).

Konfrontative Pädagogik ist kein völlig neues Konzept, in ihr vereinen sich die Erfahrungen von Pädagogen (Makarenko, Korczak, Redl) und Psychologen (Corsini, Farelli) des letzten Jahrhunderts. Der Erziehungsstil ordnet sich weder dem autoritär-patriarchalischen noch dem permissiven zu. Der Umgang mit den Jugendlichen wird als „klare Linie mit Herz" beschrieben, die „Wärme, Zuwendung, verständlich begründete, klare Strukturen und Grenzen, entwicklungsgerechte Aufgaben und Herausforderungen vermittelt" (Baumrind 1967, 43 ff. nach Weidner 2005).

Vor dem Hintergrund der Konfrontativen Pädagogik wurden zwei Trainingsformen entwickelt, die in den letzten Jahren großen Anklang fanden: das Anti-Aggressivitäts-Training und das Coolness-Training.

1.1 Anti-Aggressivitäts-Training (AAT)©

Beim Anti-Aggressivitäts-Training handelt es sich um eine sozialpädagogisch-psychologische, delikt- und defizitorientierte Behandlungsmaßnahme für aggressive Wiederholungstäter. Zur Zielgruppe zählen Jugendliche, junge Heranwachsende und Erwachsene zwischen 14 und 25 Jahren, die sich gern und häufig schlagen und Spaß an der Gewalt haben, z.B. „stadtbekannte Schläger, Hooligans, Skinheads, und Schläger aus multiethnischen und monoethnischen Gangs“ (Kilb/Weidner/Jehn 2004, 276). Ausgeschlossen sind Personen mit starkem Drogenmissbrauch, massiven psychischen Störungen, Suizidale und Mitglieder der Organisierten Kriminalität.

Ziel der Maßnahme ist es, die Gewaltneigung der Probanden herabzusetzen, Handlungsalternativen einzuüben und prosoziales Verhalten zu fördern.

Die Konfrontative Pädagogik geht davon aus, dass eine akzeptierende, primär verstehende Haltung bei gewaltbereiten Mehrfachtätern nicht mehr wirken kann und formt nach den Jahren der akzeptierenden Sozialarbeit ein Gegenkonzept. Im Mittelpunkt steht die Konfrontation der Jugendlichen mit ihren Taten und den Konsequenzen ihres Handelns. Die Vertreter des KSA gehen davon aus, dass Jugendliche, die Gewalt anwenden, dies als ein Zeichen der Macht und Stärke sehen und sich positiv bestätigt fühlen, wenn sie immer wieder als Sieger aus Konflikten hervorgehen. Aus ihrer Sichtweise gibt es keinen unmittelbaren Anlass zur Änderung ihres Verhaltens. Um diese Einstellung aufzuweichen und den jungen Menschen Zugang zu ihren Gefühlen zu ermöglichen, nutzt das AAT konfrontierende Gespräche, die das Verhalten schonungslos spiegeln und die Grenzen spürbar machen.

Die meist männlichen Jugendlichen werden in der Regel per richterlichem Beschluss (§10 JGG[2]) einem Anti-Aggressivitäts-Training zugewiesen. Im Abschnitt Erziehungsmaßregeln des Jugendgerichtsgesetzes werden verschiedene Weisungen zusammengefasst, die die Erziehung des Jugendlichen fördern und sichern sollen, darunter fällt auch der Besuch eines Sozialen Trainingskurses, z.B. eines AAT (Eisenberg 2002, 147). Die Teilnahme an den Trainings ist also nicht freiwillig; werden Teile des Kurses nicht besucht, folgt in der Regel Jugendarrest. Ein Training umfasst 60 Stunden bei einer Gruppengröße von fünf Personen. Die Teilnehmer treffen sich vier bis sechs Monate zu wöchentlichen Sitzungen von jeweils drei bis fünf Stunden. Flankierend finden Einzelgespräche statt.

Zentrales Element und Voraussetzung für den Einsatz der konfrontierenden pädagogischen Vorgehensweise sind eine tragfähige Beziehung zwischen Trainer und Jugendlichen wie auch die Beziehungen innerhalb der Gruppe. Dazu bedarf es im Umgang des Trainers oder der Trainerin mit den Teilnehmern einer Akzeptanz der Person. Die emotional tiefgehende Arbeit, das Zeigen von Gefühlen, wie Scham und Hilflosigkeit, auch vor der Gruppe, bedeutet für die Trainingsteilnehmenden eine hohe Anforderung und erfordert ein großes Maß an Vertrauen. Konfrontatives Handeln ist daher nur für Settings geeignet in denen Kontinuität praktiziert werden kann.

Ausschlaggebend für den Erfolg einer Maßnahme ist letztendlich die persönliche Motivation der Jugendlichen, ihr Verhalten zu hinterfragen und zu ändern. Deshalb gilt in erster Linie, diese Bereitschaft zu fördern und herauszubilden. Das „Interventionsrecht" der Trainer per gerichtlicher Auflage soll im Verlauf des Trainings umgewandelt werden in eine Interventionserlaubnis der Teilnehmenden (Weidner 2004, 11).

2 Siehe Gesetzestext in Kapitel IV.

Am Anfang eines jeden Trainings stehen deshalb vertrauensbildende Übungen, sowie sportliche oder erlebnispädagogische Aktionen, die die Gruppenkohäsion und die Beziehung zum Trainer fördern.

Die Inhalte der einzelnen Sitzungen sind mittlerweile in ein feststehendes Curriculum gefasst:

Faktor:	1. Aggressivitätsauslöser
Lerninhalte:	Was sind provozierende Situationen? Wann ist für den Teilnehmer Gewalt „zwingend notwendig"? Wie weit verstärkt Alkohol die Gewaltbereitschaft?
Lernziele:	Das Infragestellen „zwingender Notwendigkeiten". Das frühzeitige Erkennen gewaltaffiner Entwicklungen und der Rückzug oder die Schlichtung als Handlungsalternative
Faktor:	2. Aggressivität als Vorteil
Lerninhalte:	Die gewalttätige Unterwerfung zur Erhöhung des Selbstwertgefühls, das Opfer als „Tankstelle" des Selbstbewusstseins. Anerkennung und Respekt durch (eingeschüchterte) Freunde
Lernziele:	Die Kosten-Nutzen-Analyse; jede weitere Körperverletzung kann Jahre an Haftzeiten kosten.
Faktor:	3. Selbstbild zwischen Ideal- und Realselbst
Lerninhalte:	Das Ideal des Teilnehmers ist hart, unbeugsam „cool" und gnadenlos. Das reale Selbst ist dagegen leicht kränkbar, wenig selbstbewusst und als Versager „abgestempelt".
Lernziele:	Widerlegung der Hypothese der Teilnehmer, „Härte macht unangreifbar"(Rambo-Syndrom). Dissonanzausgleich durch veränderte Rollenerwartungen: statt Unbesiegbarkeit die kränkbaren Persönlichkeitsanteile respektieren lernen.

Faktor:	4. Neutralisierungstechniken
Lerninhalte:	Die Auseinandersetzung mit der real begangenen Tat. Die Analyse vorgeschobener Rechtfertigungen von Gewalttaten (Legendenbildung). Die Konfrontation der Neutralisierungen („Das war doch halb so wild") und die Einmassierung des Realitätsprinzips (Folgen für das Opfer)
Lernziele:	Das Wecken von Schuld- und Schamgefühl, Übernahme der Verantwortung für die Taten. Die Veränderung des Selbstbildes: vom souveränen Kämpfer zum entschuldigenden Versager
Faktor:	5. Opferkonfrontation/-perspektive
Lerninhalte:	Ängste, Behinderungen, Schmerzen, Trauer von Gewaltopfern: Filminterviews des „Weißen Rings", von „Amnesty International". Tonbandinterviews mit Gewaltopfern. Der fiktive (nicht abgesandte) Entschuldigungsbrief des Täters an sein Opfer
Lernziele:	Kathartisches Durchleben des Opferleides. Steigerung des Opfereinfühlungsvermögens. Mitgefühl statt Verharmlosung, Hass und Härte. Betroffenheit durch mögliche und reale Opferfolgen wecken.
Faktor:	6. Provokationstest
Lerninhalte:	Das Aufstellen und Durchspielen einer Hierarchie von leichten Belästigungen bis zu Aggressivität auslösenden Provokationen, im Sinne systematischer Desensibilisierung
Lernziele:	Trotz Provokationen gelassen bleiben. Das „Austesten" der eigenen Grenzen im kontrollierten Umfeld. Erkenntnisgewinn: Die größte Niederlage des Provokateurs ist das Ignorieren der Provokation. Sich mit Worten, Humor, Ironie (statt Fäusten) wehren.

(aus Burschyk/Sames/Weidner 2004, 80-81)

Der erste Teil des AATs dient der Analyse der Aggressions- und Rechtfertigungsmuster und dem Befördern von Gefühlen.

Zentraler Aspekt ist dabei der „Heiße Stuhl" („hot seat" nach Perls). Nach dem Durchlaufen zahlreicher Provokationstests muss schlussendlich jeder Teilnehmer und jede Teilnehmerin des Trainings einmal den „Heißen Stuhl" erfolgreich durchstehen. Der Proband sitzt dabei auf einem Stuhl, um sich einen Halbkreis aus Trainern, Co-Trainern und Gruppenmitgliedern. Durch verbale Attacken und Provokationen bis hin zu Berührungen wird jeder Jugendliche analog zu seinen Reizpunkten extrem herausgefordert, darf aber nur verbal reagieren. Thema des „Heißen Stuhls" ist in der Regel die „schlimmste" Tat oder Regelverletzung des Jugendlichen; diese wird in allen Details aufgerollt und beleuchtet, um die damit verbundenen Gefühle zu Tage zu bringen. Durch genaue Beobachtungen und Befragungen analysieren die Trainer im Vorfeld die Schwachpunkte und Aggressionsmuster der Teilnehmer und Teilnehmerinnen und wenden dieses Wissen beim „Heißen Stuhl" an. Gelingt es dem Jugendlichen während der Provokationen ruhig zu bleiben, gilt dies als ein erster Fortschritt. Die Intensität der Konfrontation hängt von der Schwere der Regelverletzung, der Reflexionsbereitschaft und der Einsichtigkeit des Probanden ab (Kilb 2005, 43 f.).

Die Auseinandersetzung mit dem Opferleid nimmt ebenfalls eine wichtige Stellung im Training ein. Gewalt wird in der Regel nur möglich, so die Theorie, weil die Täter keine Gefühle für die Opfer verspüren oder diese abwehren. Empathie und die Fähigkeit zur Perspektivenübernahme werden deshalb durch verschiedene Übungen trainiert und „einmassiert" (Weidner 2005). In manchen Trainings werden die jungen Männer in Ganzkörperschutzanzügen in die Rolle des Opfers gebracht, das den körperlichen Attacken anderer wehrlos ausgeliefert ist, damit sie die ausweglose Situation eines Gewaltopfers nachvollziehen lernen. Auch während des „Heißen Stuhls" konfrontieren die Trainer den Jugendlichen mit den Auswirkungen der Tat auf die Opfer und der durch die Tat möglicherweise veränderten Zukunftsperspektive.

Im zweiten Teil des Trainings werden alternative Verhaltensweisen in Konfliktsituationen erprobt. Rollenspiele, körpersprachliche Übungen und Handlungsanalysen dienen dazu, den Jugendlichen die Sprache als ein Mittel zur Durchsetzung und ein Zeichen der Stärke zu vermitteln, damit sie Abstand von der Ausübung physischer Gewalt nehmen können.

Am Ende des Trainings stehen das Verfassen eines Briefes an das Opfer (der aber nicht abgeschickt wird) sowie die schriftliche Absage an die Gewalt. Jeder Teilnehmende erhält nach erfolgreichem Abschluss ein Zertifikat.

Das Training wird von zwei professionellen Sozialarbeitern/Sozialarbeiterinnen, Psychologen/Psychologinnen, Soziologen/Soziologinnen oder Pädagogen/Pädagoginnen durchgeführt, von denen mindestens einer eine AAT-Trainer-Lizenz sowie persönliche Erfahrungen mit der Methode „Heißer Stuhl" vorweisen kann. Co-Trainer und Co-Trainerinnen oder Tutoren, die entweder Kampfsportler oder ehemalige Gewalttäter (die das Training absolviert haben) sind, unterstützen die Trainer. Ehemalige Gewalttäter kennen die Rechtfertigungsmuster und Gefühle der Täter weit besser und erreichen so besonders bei den Provokationstests größere Effekte.

Seinen Ursprung hat das AAT in der Justizvollzugsanstalt Hameln. Jens Weidner konzipierte Ende der 80er Jahre aus seinen Erfahrungen an der US-amerikanischen Glen-Mills- School und einem in Hameln durchgeführten „Geschlechtsrollenseminar" für sexuelle Gewalttäter, ein Trainingsprogramm für aggressive Wiederholungstäter. Nach einer erfolgreichen Erprobungsphase fand das AAT seinen Weg auch in die Jugendhilfe. Heute wird es in vielen pädagogischen Bereichen angewendet, der offenen Kinder- und Jugendarbeit, der Jugendsozialarbeit, in Sozialen Trainingskursen, in der Sozialen Gruppenarbeit, in der Heimerziehung und dem Betreuten Wohnen und nicht zuletzt in der Bewährungshilfe und im Strafvollzug (Weidner/Kilb/Kreft 2004, 3 ff.).

Methodisch orientiert sich das Programm am Psychodrama (Moreno), der Gestalttherapie (Perls), der konfrontativen (Farelly) und provokativen Therapie (Corsini) (Weidner 2005).

Der Ansatzpunkt des AAT ist lerntheoretisch-kognitiv. Als Basis dienen Banduras (1979) Ausführungen zur Aggression und die Ableitungen für die verhaltenstherapeutische Praxis. Abweichendes Verhalten soll abtrainiert werden, prosoziales Verhalten durch entsprechendes Einüben und positive Verstärkung aufgebaut werden. Im Bereich Aggressionsauslöser wird besonders das Verfahren der Desensibilisierung eingesetzt.
Das zugrunde liegende Menschenbild ist optimistisch. Das Motto lautet: „Verstehen, aber nicht einverstanden sein" (Gall 2004), oder wie es die Bewährungshelfer Morath und Reck formulieren: „Nicht die Person als solche wird abgelehnt, sondern ihre gewalttätigen Anteile" (Morath/Reck 2005).

Das AAT hat mittlerweile einen hohen Verbreitungsgrad erreicht. An die 1000 Probanden werden in über 90 Projekten gefördert (Weidner/Kilb/Kreft 2004, 6). Die Ausbildung zum AAT/CT-Trainer erfolgt in einer zweijährigen Fortbildung am Institut für Sozialarbeit (ISS) in Frankfurt am Main. Um den hohen professionellen Anspruch der Methode zu wahren, wurden dort mit den Absolventen und Absolventinnen der ersten beiden Fortbildungsreihen 1999 Qualitätsstandards formuliert (Kilb/Weidner/Jehn 2004) und die Begriffe AAT und CT beim Patentamt München geschützt. Innerhalb des verbindlichen Curriculums, des Zeitrahmens, der Gruppengröße und Professionalität der Trainer entwickelten Praktiker die Methode ihrem eigenen Profil entsprechend weiter. Mittlerweile gibt es z. B. sowohl mädchenspezifische als auch kulturspezifische Angebote. Ahmet Toprak hat bspw. ein AAT für türkischstämmige Jugendliche entwickelt, das den Fokus verstärkt auf den spezifischen Umgang muslimischer Jugendlicher mit Ehre und Ehrverletzung richtet (Toprak 2003).

Praxisbeispiel

Das Anti-Gewalt-Training des Vereins Kinder- und Jugendhilfe Frankfurt e.V.

Der Verein Kinder- und Jugendhilfe Frankfurt e.V. bietet seit 1975 ambulante Jugendhilfeangebote für straffällig gewordene Jugendliche und Heranwachsende an. Die Trainings sind in der Regel nach § 10 JGG richterlich angeordnet und alternativ zur Jugendstrafe und zum Jugendarrest zu besuchen. In enger Zusammenarbeit mit der Jugendgerichtshilfe Frankfurt werden Straftäter in unterschiedlichen Settings trainiert.
Dazu gehören

- *Seminare zu Jugend und Gewalt (zweitägig)*
- *Soziale Trainingskurse (sechs Monate), auch spezifisch für Mädchen*
- *Betreuungsweisungen*
- *Sozialpädagogische Intensivbetreuung nach § 35 KJHG*
- *Betreute Arbeitsstunden in einer Kunstwerkstatt*
- *Anti-Gewalt-Training*

Das Anti-Gewalt-Training wird von zwei Diplom-Sozialarbeitern und zertifizierten AAT-Trainern regelmäßig durchgeführt. Ein Training umfasst vom Vorgespräch bis zur Zertifizierung der Teilnahme einen Zeitraum von sechs bis acht Monaten, wobei vier bis fünf Monate auf die Gruppentreffen entfallen. Die Mitarbeiter verwenden viel Zeit auf ein so genanntes „casting". In mehreren Vorgesprächen lernen sie die potentiellen Trainingsteilnehmer kennen und einschätzen. Das Training beginnt mit einer Kennenlernphase, bei der erlebnispädagogische Aktionen (isb. Klettern), Kooperationsspiele und -übungen im Mittelpunkt stehen. Neben den klassischen konfrontativen Methoden bis hin zum „Heißen Stuhl" involvieren die Trainer auch externe Experten in das Training. Zum Programm gehört deshalb auch ein Besuch der Universitätsklinik Frankfurt, bei dem ein Arzt den Tätern anhand von Organpräparaten und Aufnahmen die körperlichen Schäden erläutert, die durch massive Gewalteinwirkungen entstehen. Ein Kampfkunst-Trainer führt in die mediative Kampfkunst ein, die sich nicht durch den Kampf mit einem Gegenüber sondern den Kampf mit sich selbst auszeichnet (Verein Kinder- und Jugendhilfe Frankfurt am Main 2005).

Verein Kinder- und Jugendhilfe Frankfurt e.V.
Mainzer Landstr. 715
65934 Frankfurt am Main – Nied
Tel.: 069/384729
Fax: 069/381952
E-Mail: verein@vkjh-frankfurt.de
Website: www.vkjh-frankfurt.de
Ansprechpartner: Dieter Hansen, Frank Römhild

1.2 Coolness-Training (CT)©

Das Coolness-Training wurde aus dem AAT entwickelt, um Elemente der konfrontativen Pädagogik auch außerhalb von richterlichen Auflagen anwenden zu können, also in Schule und Jugendarbeit. In den letzten Jahren sind viele Trainingsformen auf den Markt gekommen, die in irgendeiner Form den Begriff „cool" verwenden, doch bei den wenigsten handelt es sich inhaltlich um das geschützte CT.

Der Sozialarbeiter Reiner Gall entwickelte als einer der ersten ein Konzept für ein Coolness-Training an Schulen, das der zunehmenden Gewalt in Oberhausen begegnen sollte. Das Training sollte eine breite Gruppe von Jugendlichen erreichen, wie sie in einer Schulklasse zusammentreffen, nicht nur die Täter, sondern generell „gewaltbereite Jugendliche, deren potenzielle und tatsächliche Opfer und die scheinbar unbeteiligten Beobachter" (Gall 2004, 167).

Im CT Galls steht das so genannte „Handlungsviereck" (ebd.) aus Täter, Opfer, Gruppe und Sozialisationsinstanz (Schule, Eltern, Pädagogen) im Mittelpunkt. Alle vier Gruppen sind für Gall mehr oder weniger an Gewaltausschreitungen beteiligt oder ermöglichen diese; sie müssen folglich in einem Trainingskonzept berücksichtigt werden.

Die Täter halten Gewalt in der Regel für ein legitimes Mittel der Selbstdurchsetzung. Die Überzeugung, mit Gewalt Probleme lösen zu können, wird vor allem durch die Reaktion der Opfer und der scheinbar unbeteiligten Zuschauer gespeist. Opfer und Zuschauer reagieren auf gewaltbereite Jugendliche oft verängstigt oder zumindest beeindruckt. Das Gefühl der Macht über andere stärkt das Selbstbewusstsein der Täter. Opfern fehlt es an wirksamen Methoden im Hinblick auf Selbstschutz und Handlungsalternativen, um die gewohnten Verhaltensmuster zu durchbrechen. Auch die zuschauende Gruppe schreitet in der Regel nicht ein, das Handeln wird geduldet oder unterstützt.

Pädagogen und Eltern tragen insofern zur Fortdauer von Gewalt bei, indem sie wegsehen, Hinweise nicht ernst nehmen und nicht früh genug intervenieren.

Im Training werden diese unterschiedlichen Verhaltensdispositionen aufgegriffen. Die Täter werden mit ihrer Gewaltbereitschaft konfrontiert. Die Opfer reflektieren ihr Verhalten und ihre Körpersprache und arbeiten an einer Erweiterung ihrer Handlungsspielräume. Die Gruppe der Unbeteiligten und der Pädagogen übt das couragierte Einschreiten.

Die Inhalte des Trainings richten sich an der Lebenswelt der Schüler und Schülerinnen aus. Für Gall stehen besonders die öffentlichen Räume im Mittelpunkt, wie Disco, Schulhof und Straße. In zahlreichen Körperübungen und Rollenspielen werden Situationen analysiert und neu betrachtet. Eine Übung aus dem CT ist beispielsweise das Verhalten bei Provokationen im Bus. Dazu werden aus Stühlen die Sitzreihen in einem Bus nachgestellt. Auf der „Hinterbank" sitzt eine johlende Gang, die jeden beschimpft, der den Bus betritt. Die Mitschüler können ausprobieren, welche Formen (für sie) möglich sind, an der Gruppe „vorbeizukommen", ohne sich auf Provokationen einzulassen.

Ein Training umfasst zehn bis zwölf Termine über je drei Schulstunden, die größtenteils in der Schule stattfinden. Das Gelingen eines CTs hängt für Gall von der Offenheit der Schule sowie der Bereitschaft der Lehrer ab, sich an dem Programm zu beteiligen und einen neuen Zugang zu ihrer Klasse zu finden. Zudem bedarf es einer gewissen Grundmotivation in der Schulklasse, sich mit dem Themenspektrum auseinanderzusetzen (ebd., 173).

Reiner Gall hat für das CT ebenfalls ein Curriculum erstellt. Es nennt sich „Eine Handreichung für die Arbeit mit Kindern und Jugendlichen zum Umgang mit schwierigen Situationen“:

Lernziele: 1. Bewusste Wahrnehmung der aggressiven Gefühle, mit körperlichen Empfindungen wie Herzklopfen, geröteter Haut, Anschwellung von Adern
Lerninhalte: Kennenlernen der Existenz von Aggressionen als natürlichem Persönlichkeitsanteil
Methoden/Medien: Körperbetonte, sportliche Spiele, kämpfen nach Regeln, Stunts

Lernziele: 2. Wahrnehmung intensiver Anstrengung/Körperlichkeit; Wahrnehmung von Nähe mit allen Sinnen (Haut, Geruch)
Lerninhalte: Gewalt fasziniert, verschafft rauschartige Zustände, Gewalt ist „geil“
Methoden/Medien: Kämpfen als „pädagogische Disziplin“, Stunts, erlebnispädagogische Projekte

Lernziele: 3. Erkennen der eigenen Befindlichkeit in Konflikten, Wahrnehmung eigener Täter-Opfer-Dispositionen
Lerninhalte: Selbstexploration als Täter und Opfer, Visualisierung von Befindlichkeiten
Methoden/Medien: Fragebogen, Rollenspiele, interaktionspädagogische Übungen, Partnerinterviews, Täter-Opfer-Statue, Stunts

Lernziele: 4. Erkennen der eigenen persönlichen Möglichkeiten, sich selbst zu akzeptieren, Erkennen der eigenen Stärken und Schwächen
Lerninhalte: Auseinandersetzung mit positiven und negativen Persönlichkeitsanteilen
Methoden/Medien: Partnerinterviews, Konfrontation im „Heißen Stuhl“, Rollenspiel

Lernziele: 5. Akzeptanz eigener begrenzter Kommunikation, Erkennen vieler, subjektiver Wahrheiten, individuelle Voraussetzungen für Kommunikation
Lerninhalte: Ich-du-Botschaften, Beziehungs-, Inhalts-, Gefühlsaspekt erkennen, Wahrnehmungseinschränkungen durch Launen, Projektionen, Kommunikation in Stresssituationen

Methoden/Medien: Interaktionspädagogische Übungen, Rollenspiele, nonverbale Kommunikation, das Eisbergmodell

Lernziele: 6. Interesse an gemeinsamen Zielen, Wecken von gegenseitigem Interesse und gegenseitiger Akzeptanz
Lerninhalte: Modelle von Kooperationen in Schulklassen und Gruppen, Beispiele zur Stärkung der Gruppenkohäsion, Peer-Group-Education
Methoden/Medien: Arbeit in Kleingruppen, Kooperationsspiele, Vertrauensübungen, gemeinsame Aufgaben

Lernziele: 7. Aushalten erster leichter Konfrontationen, zum Problem bekennen, Erkenntnisgewinn, nicht alleine zu sein
Lerninhalte: Visualisierung von Befindlichkeiten in Gruppen zu den Themen Sexismus, Rassismus, Macht und Ohnmacht, Gewalt und Adultismus
Methoden/Medien: Rollenspiel, interaktionspädagogische Übungen, Visualisierungstechniken

Lernziele: 8. Erkennen von Rollenverhalten, Rollenzuweisungen und Rollenerwartungen
Lerninhalte: Visualisierung von männlichen und weiblichen Rollenbildern, die Rolle als Kind, Jugendlicher, Erwachsener, Funktionsträger
Methoden/Medien: Analyse der Verhaltensweisen durch Rollentausch, Rollenspiel, Texte, Befragungen

Lernziele: 9. Aushalten von Provokationen, Erhöhung der Frustrationstoleranz, kreative, lockere Reaktion auf Anmache
Lerninhalte: Hierarchisierung von Empfindlichkeiten (Beleidigungen, Schimpfworte, Rempeleien, Provokationen)
Methoden/Medien: Übungen gegen Anmache, Gruppen-, Klassengespräche, Rollenspiele, Konfrontationsübungen, belastende Situationen werden möglichst realistisch gestellt

Lernziele: 10. Reduzierung der Feindlichkeitswahrnehmung
Lerninhalte: Strukturen menschlicher Begegnung kennenlernen (Rituale, Territorien, Nähe und Distanz)
Methoden/Medien: Körpersprache, Konfrontationsübungen, Interaktionsspiele, Rollenspiele, Stunts

Lernziele:	11. Sinnvolles Verhalten in Bedrohungssituationen
Lerninhalte:	Gewaltvermeidung durch aktive Kommunikation, aus der Rolle des Opfers ausbrechen
Methoden/Medien:	Rollenspiele und szenische Darstellung von belastenden, bedrohlichen Situationen, Stunts, Deeskalationsstrategien, eigenes Drehbuch schreiben
Lernziele:	12. Entspannungsverfahren, Ruhe-, Stille-Erfahrung
Lerninhalte:	Verstehen physiologischer und psychologischer Hintergründe, Verbesserung der Körperwahrnehmung
Methoden/Medien:	Atemübungen, Traum-/Fantasiereisen, autogenes Training, Meditationsübungen
Lernziele:	13. Erkennen von widersprüchlichen gesellschaftlichen Anforderungen, Akzeptanz der eigenen Verantwortung, Erkennen der eigenen Möglichkeiten
Lerninhalte:	Informationen über die Bedingungen des Aufwachsens in unserer Gesellschaft (Veränderung der Jugendphase, Individualisierung, Pluralisierung)
Methoden/Medien:	Befragung, Karikaturen, Comics, Referat

(Wir haben dieses Curriculum ohne die dort angegebenen Literaturverweise übernommen; Gall 2004, 177-178).

Das CT hat mittlerweile einen hohen Verbreitungsgrad in Deutschland. Es wird in unterschiedlichen Kontexten angewandt, entweder klassenweise oder auf eine spezielle, auffällige Gruppe gewaltbereiter Jugendlicher einer oder mehrerer Schulen zugeschnitten.

Jetter-Schröder (2004) wendet die Inhalte des CT in ihrem Interventionsprogramm für verhaltensauffällige Schüler (InvaS) an Schulen in Mannheim an. Das Konzept zielt darauf ab, Schüler und Schülerinnen, die wegen ihrer Verhaltensauffälligkeiten kurz vor dem Schulverweis stehen, durch konfrontative, psychodramatische und erlebnispädagogische Trainingselemente soweit zu stabilisieren, dass ein Verbleib an den Schulen gesichert werden kann. Vielerorts werden Elemente des CT aber auch in andere Trainingsformen übernommen.

Praxisbeispiel

„Respekt“: mobiles Coolness-Training und Kart-Racing
Ein Angebot von Boxenstopp, Caritas Verband Brandenburg e.V.

„Boxenstopp – Training gegen Gewalt“ ist ein Angebot des Caritasverbandes für Brandenburg e.V. Es verbindet Maßnahmen gegen Gewalt mit einer intensiven Förderung zur beruflichen Integration. Mobile Teams bieten an zwölf Standorten landesweit Trainingsangebote zur Integration jugendlicher Gewalttäter und zur Prävention jugendlicher Delinquenz. Darunter zählen AATs und CTs sowie Multiplikatorenschulungen. Boxenstopp stellt ebenfalls einen Pool an Medien, Unterrichtsmaterialien und Literatur zur Verfügung.

Die Maßnahmen sind ressourcenorientiert und auf Nachhaltigkeit angelegt, so greifen sie auf Einrichtungen vor Ort zurück und gehen immer auch mit der Fortbildung der beteiligten Pädagogen und Pädagoginnen einher.

Das Projekt „Respekt“, ein mobiles Coolness-Training für Schulen, baut sich in vier Phasen auf

- *der Integrations- und Interviewphase (neun Sitzungen)*
- *der Konfrontationsphase (sieben Sitzungen): Konfrontation mit den „miesen Taten“ u.a. auf dem „Heißen Stuhl“*
- *der Kompetenzerweiterungsphase (vier Sitzungen): Potentiale entdecken, aufbauen und trainieren*
- *der Realisationsphase: Umsetzung des Erlernten im Alltag*

Boxenstopp konzentriert sich in seinen CTs nicht auf ganze Klassen sondern auf die gewaltbereiten Jugendlichen in den Schulen und fasst diese zu Trainingsgruppen zusammen.

Die Besonderheit des Projektes ist die Verbindung der Trainingseinheiten mit Kart-Racing. Schanzenbächer entwickelte dieses

Modell bereits in Frankfurt am Main und wendet es nun bei Boxenstopp in Brandenburg erneut an. Kart-Racing wird von den Jugendlichen als ein sehr exklusives Angebot begriffen. Die Möglichkeit zum Teil auf dem Schulgelände in Karts Rennen zu veranstalten, motiviert auch Jugendliche an den Kursen teilzunehmen, die sonst nur noch schwer erreichbar sind. Die Teilnehmer der CTs kümmern sich während der Kursphasen sowohl um die Instandsetzung als auch um die Pflege der Karts. Die Rennen finden als eine Form der Belohnung nach den Trainingsstunden statt (Schanzenbächer 2003 und 2004).

Momentan verhandelt das Projekt über die Einrichtung eines Kompetenzzentrums, in dem jugendliche Straftäter (nicht nur Gewalttäter) im letzten Jahr ihres Strafvollzugs untergebracht werden. Mit den Methoden der Konfrontativen Pädagogik sollen hier soziale Kompetenzen längerfristig vermittelt sowie berufliche Integration erreicht werden.

Boxenstopp – Training gegen Gewalt
Residenzstr. 90
13409 Berlin
Tel.: 0700/2693678677
030/66633-1501
Fax: 030/66633-1510
E-Mail: kontakt@boxenstopp.org
Website: www.boxenstopp.org
Ansprechpartner: Dr. Stefan Schanzenbächer

Evaluation und Effekte von AAT und CT

AAT und CT sind innerhalb der Verfahren zum Umgang mit Gewalt intensiv beforscht worden. Es gibt verschiedene Evaluationsstudien. Das Institut für Sozialarbeit und Sozialpädagogik (ISS) in Frankfurt am Main führt seit 1999 jährlich eine Evaluation der Umsetzungsentwicklung bei den Institutionen durch, die nach ISS-Standards arbeiten. Die Ergebnisse der Evaluation aus 2001 zeigten im Vergleich zum Jahr 2000 einen Zuwachs an durchgeführten Trainings von 91%, beim AAT sogar von 125%. Die Mehrzahl der Trainierten war männlich (73%), 34% waren nicht-deutscher Herkunft. Es dominierte die Gruppe der Hauptschüler vor den Sonderschülern und den Arbeitslosen. Gymnasiasten, Realschüler und Berufstätige waren in den Programmen unterrepräsentiert. 63% der Klienten absolvierten das Training wegen eines Straftatbestandes der körperlichen Gewaltanwendung, 24% wegen unsozialen Verhaltens in einer Institution (Kilb/Weidner 2003, 40-41).

Zur Wirksamkeit des AAT liegen weitere Studien vor, die unterschiedliche Ergebnisse brachten: Eine Studie zur Rückfallquote des Kriminologischen Forschungsinstitutes Niedersachsens im Hamelner Jugendstrafvollzug für die Zeit von 1987-1997 von Ohlemacher ergab, dass 63% der behandelten Gewalttäter nicht mehr einschlägig rückfällig wurden. Bei den Rückfälligen wurde eine geringere Intensität der Straftat festgestellt. Im Vergleich zur Kontrollgruppe der AAT-Untrainierten wurden allerdings keine signifikanten Unterschiede festgestellt. Insassen von Hameln, die nicht am Training teilgenommen hatten, wiesen eine ähnlich niedrige Rückfallquote auf. Zurückgeführt wird dies aber auf die in Hameln zu dieser Zeit allgemein gute Arbeit im Bereich der Resozialisierung (Ohlemacher u.a. 2001).

Eine testpsychologische FAF-pre-post-Untersuchung (Fragebogen zur Erfassung von Aggressivitätsfaktoren) bestätigte deutschlandweit eine Reduzierung der Aggressionsneigung nach dem Besuch eines AATs. Qualitative Befragungen von Trainern und Trainerinnen ergaben eine hohe Akzeptanz der Methode, da sich die Konflikte vor Ort (in Schulen, Jugendzentren) für sie merklich reduzierten (Weidner/Kilb/Kreft 2004, 7).

Gall hat sein CT durch Befragungen der Lehrer vor Ort selbst evaluiert. Die Lehrer berichteten durchweg von zunehmender Gruppenkohäsion und einer entspannteren Klassenatmosphäre. Auch konkrete Beispiele von Streitschlichtung durch Schüler waren die Folge. Die Schüler selbst bemerkten für sich einen Zugewinn an Selbstsicherheit und Selbstachtung (Gall 2004, 174).

Die Universität Ulm, Klinik für Kinder- und Jugendpsychiatrie und Psychotherapie, untersuchte die Wirksamkeit des AATs mittels eines Fragebogenverfahrens bei Absolventen der Jahre 1989 bis 2003 (Rau 2006). Zusätzlich bezog man Bezugspersonen mit ein und nahm Einblick in das Erziehungs- und Bundeszentralregister. Als Kontrollgruppe dienten Jugendliche, die andere richterliche Auflagen hatten – in der Regel mussten sie einen Sozialen Trainingskurs (STK) besuchen. Der Vergleich ergab, dass AAT-Absolventen von ihren Bezugspersonen als weniger aggressiv und gewalttätig eingeschätzt wurden, als die Gruppe der STK-Trainierten. Rückgeführt wird dies auf die stärker konfrontierende Vorgehensweise besonders während der „Heißen Stuhl-Phase" und den damit verbundenen Möglichkeiten auf „externe Auslöser für aggressives Verhalten sozial angepasstes Verhalten zu üben" (ebd., 39). Der Einblick in das Bundeszentraleregister bestätigte eine Senkung der Delikthäufigkeit und -intensität, allerdings nur bis zu einem gewissen Grad an Auffälligkeit; eine gänzliche Straffreiheit konnte nicht erreicht werden. Die Studie hat aufgrund der geringen Stichprobengröße (52 N) und der Tatsache, dass nicht alle untersuchungsrelevanten

Teilnehmer gewonnen werden konnten, Querschnittscharakter. Dem AAT konnte kein Breitband-Ergebnis zugesprochen werden, dennoch gibt es Effekte, die einzelne Verhaltenskomponenten von Jugendlichen langfristig verändern können (ebd., 41).

Kritik

Trotz der offenbar nachgewiesenen Effektivität scheiden sich an der Methode die Geister. Während die einen sie als eine Erlösung aus der pädagogischen Stagnation sehen, kritisieren andere den tribunalhaften Charakter des „Heißen Stuhls" in Verbindung mit der sehr konfrontativen Gesprächsführung und befürchten eine kontraproduktive Wirkung. Der Stil der konfrontativen Pädagogik wird als autoritär und repressiv bezeichnet.

Simon, Kunstreich, Scherr und Winkler antworten in Sozial Extra auf das Konzept von Weidner und Kilb eher kritisch (Simon u.a. 2003). Winkler erscheint das AAT als eine Strategie „Soziale Arbeit medienwirksam zu einer Technik zu machen, um auf dem Markt Erfolg zu haben" (ebd., 44). Es ginge nicht um die Humanisierung der Gesellschaft und ihrer Subjekte, sondern um Kontrolle von Affekten, deren Herkunft nicht mehr geprüft würde (ebd., 45). Auch Scherr kritisiert das Fehlen der Frage nach den Hintergründen und Ursachen der Gewalt in den AATs. Gewalt würde aus ihrem Kontext herausgelöst und als Ausbruch individueller Aggressionsneigungen dargestellt (ebd., 42).

Kunstreich (2000, 35 f.) kritisiert außerdem die Übermacht der Trainer, denen die alleinige Definitionsmacht, was abweichend und was die Norm ist, obliegt und somit auch die Entscheidung, welches Verhalten gefördert oder begrenzt werden muss. Die Fokussierung auf „die Veränderung von sozial schädlich erkanntem Verhalten" mache den Täter zum „klinischen Objekt".

Rzepka (2004) kritisiert das AAT aus verfassungsrechtlicher und kriminologischer Sicht. Sie sieht die im Artikel 1 des Grundgesetzes verbürgte Würde des Menschen verletzt. Das AAT, so Rzepka, ist eine staatlich verhängte Zwangsmaßnahme. Der Staat selbst dürfe aber den Bürger nicht zur inneren Umkehr zwingen, dies sei verfassungswidrig (Rzepka 2004, 130). Die Autorin deutet auch das Evaluationsergebnis Ohlemachers nicht so positiv wie Weidner und Kilb. Für sie sind die Ergebnisse der Rückfallquoten zwischen AAT-Trainierten und Untrainierten nicht signifikant und belegen somit auch nicht die Wirksamkeit der Maßnahme. Als problematisch empfindet die Rechtswissenschaftlerin auch den rein defizitorientierten Ansatz des Trainings, der allein den Jugendlichen die Verantwortung für die Tat zuschreibt und gesellschaftliche Zusammenhänge und Verhältnisse außer Acht lässt, in denen Jugendliche leben.

Rau (2006) sieht den Fokus des AAT auf die gewalttätigen und aggressiven Persönlichkeitsanteile als zu einseitig, um langfristig das Ziel „Gewaltlosigkeit“ zu erreichen. Bei psychischen Störungen der Persönlichkeitsentwicklung, unter die gewalttätiges Verhalten einzuordnen sind, müssen begleitend psychologisch-therapeutische Maßnahmen installiert werden, die eine „ganzheitliche Bearbeitung der Problematik unter Einbezug lebensweltlicher Zusammenhänge“ möglich machen (40).

2. Mediative Verfahren

Mediation bezeichnet ein außergerichtliches Verfahren zur Streitbeilegung, bei der die Konfliktparteien durch eine außenstehende Person eigenständig zu einer für beide Seiten akzeptablen Lösung kommen.

Die Mediation erlebte ihren Boom in den 1960er Jahren in den USA und fand Mitte der 80er auch ihren Weg nach Europa. Entwickelt wurde dieses Verfahren ursprünglich, um hohe Gerichtskosten zu umgehen. Mittlerweile wird die Mediation in vielen Bereichen eingesetzt: der Rechtspflege, der Politik, bei Umweltkonflikten, in Betrieben, bei Scheidung und Sorgerechtsfällen, an Schulen und zunehmend auch im Gemeinwesen (Montada/Kals 2001, 1 f.). Zielgruppe sind alle Bevölkerungsgruppen, Erwachsene ebenso wie Jugendliche und Kinder, die in Konflikte verwickelt sind.

Voraussetzungen für eine gelingende Mediation sind nach Ehninger und Schuster (2004, 51), dass

- die Konfliktparteien freiwillig bereit sind teilzunehmen,
- sich der Konflikt nicht auf bloße Ja-Nein-Entscheidungen reduziert,
- das Machtgefälle zwischen den Streitparteien nicht zu groß ist,
- genügend Zeit vorhanden ist,
- ein Minimum an verbalen Ausdrucksmöglichkeiten vorhanden ist
- und die Streitenden ein grundsätzliches Interesse an einer zukünftigen Beziehung zueinander haben.

Eine Mediation verläuft in der Regel nach einem festen Ablaufschema in fünf Schritten (Faller u.a. 1996, Schubarth 2003, 82):

Vorphase: Die beiden Parteien werden an einen Tisch gebracht

1. Einleitung: Klären der Regeln
2. Sichtweisen klären: beide Parteien beschreiben den Konflikt aus ihrer Sicht
3. Konflikterhellung: verborgene Gefühle, Interessen und Hintergründe werden angesprochen
4. Problemlösung: sammeln und entwickeln von kreativen Lösungsmöglichkeiten
5. Übereinkunft: nach Möglichkeit durch eine schriftliche Vereinbarung

Nachbereitungsphase: Überprüfung der Vereinbarung

Die Phase der Konflikterhellung nimmt im Mediationsprozess die meiste Zeit in Anspruch, sollen hier doch das Verstehen der anderen Konfliktpartei und das Sich-aufeinander-zu-bewegen gefördert werden.

Die Rolle des Mediators oder der Mediatorin (von lat. mediare: vermitteln) ist es, die Kontrahenten durch die richtige Gesprächsführung zu einer win-win-Lösung zu führen. Der Vermittler muss von allen Beteiligten akzeptiert werden. Allparteilichkeit ist das oberste Gebot. Der Mediator darf sich nicht für Einzelinteressen einsetzen, weder urteilen noch Wertungen vornehmen und muss Machtungleichgewichte ausgleichen (Besemer 1993). Er selbst macht keine Vorschläge zur Lösung, sondern überlässt den Streitenden, welche Art der Konfliktlösung sie anstreben. Dies erfordert in hohem Maße Einfühlungsvermögen, Kommunikationskompetenz, Erfahrung und Verhandlungssicherheit.

Ist der Mediator ein Jugendlicher, der zwischen Jugendlichen vermittelt, spricht man von Peer-Mediation[3].

---

3 Die Arbeit mit Peers spielt in verschiedenen Verfahren eine wichtige Rolle. Zur gewandelten Rolle von Peers in Bildung und Erziehung siehe Nörber (2003).

Mediation wird in der Arbeit mit Jugendlichen in verschiedenen Bereichen angewandt. In Schule wird Mediation mittlerweile deutschlandweit eingesetzt. In der offenen Kinder- und Jugendarbeit spielt das Konzept in Kindertagesstätten oder Jugendzentren nur stellenweise eine Rolle. Jugendverbände, hier am Beispiel eines Sportverbandes erläutert, nutzen die Mediation in der Ausbildung der Funktionäre und zur Vermittlung. Im Täter-Opfer-Ausgleich hat sich das Konzept etabliert, durch die Vermittlung eines Dritten wird eine Wiedergutmachung für ein Opfer erwirkt.

2.1 Mediation an Schulen

Die Mediation hielt Anfang der 90er Jahre Einzug in die Schulen. Eingebunden wurde das Verfahren zunächst in Programme zur Schülermediation. Hier bildeten sich zwei regionale Schwerpunkte: In Berlin, maßgeblich beeinflusst durch Jamie Walker (2001) und Ortrud Hagedorn (2005), setzte man auf die reine Ausbildung von Streitschlichtern oder Konfliktlotsen. In Hessen wurde die Mediation an Schulen von Anfang an in einen größeren Zusammenhang gestellt; der Schwerpunkt lag auf der Entwicklung von Klassenprogrammen und der Einbindung von Mediation in das Schulentwicklungsprogramm. Die Ausbildung von Schülern zu Mediatoren stand erst am Ende des Prozesses[4].

Das Konzept der Peer-Mediation bedeutet, Schülerinnen und Schüler zu befähigen, an ihrer Schule Mitschülern bei Konfliktlösungen zu helfen, sei dies durch Präsenz in den Pausen oder in speziell eingerichteten Sprechstunden. Schüler haben dabei die Möglichkeit, die Schlichter eigenständig

4 Diese Sichtweise auf Hessen und Berlin erhielten wir in einem Fachgespräch mit Helmolt Rademacher am 21.4.06.

aufzusuchen, aber auch Lehrer regen die Vermittlung durch die Konfliktlotsen an. Verhindert werden soll vor allem die Eskalation von Konflikten.

Die Ausbildung zu Schülermediatoren umfasst in der Regel ein halbes bis ganzes Schuljahr, je nach Programm. Manche Schulen bilden ihre Konfliktschlichter schulintern in AGs aus, dann übernehmen Lehrer oder Schulsozialarbeiter die Inhalte. Andere lassen die Schüler durch freie oder öffentliche Jugendhilfeträger oder Stiftungen in mehrtägigen Seminaren außerschulisch fortbilden (Schubarth 2003, 84).

Haben die Schüler die Ausbildung durchlaufen, werden sie im Alltag eingesetzt. In der Regel verfügen die Streitschlichter über ein Büro oder einen Streitschlichtungsraum, in dem sie ihre Gespräche führen können. Ein Schulmediator oder Coach steht den Schlichtern beratend zur Seite.

Die Entscheidung, wer Konflikthelfer werden kann, wird ganz unterschiedlich getroffen. Zum Teil werden Schüler mit gutem Sozialverhalten ausgewählt, teilweise wird darauf geachtet, bestimmte z.T. nationalitätenspezifische „Leader" einzubeziehen. Manche wählen gerade sozial auffällige Schüler, um diesen die Möglichkeit zu geben, positive Resonanz zu erhalten. Einige Schulen lassen die Schülerversammlung entscheiden oder aber Lehrer bestimmen, wer an der Ausbildung teilnehmen soll (Durdel 2003, 10).

350 Grundschulen in Baden-Württemberg, Berlin, Hessen, Niedersachsen, Nordrhein-Westfalen und Rheinland-Pfalz und 3000 weiterführende Schulen bundesweit setzten das Verfahren bislang ein (Braun/Rademacher 2003, 156). Mediation im Kontext Schule ist also weit verbreitet.

Der Bundesverband für Mediation hat 2005 in der Fachgruppe „Mediation in Erziehung und Bildung" Standards für Schulmediation entwickelt, um die erfolgreiche Umsetzung des Konzepts sicherzustellen. Diese können auf der Website eingesehen werden (Schulmediation 2005).

Evaluation und Effekte

Die Mediation an Schulen wurde deutschlandweit gemeinsam von camino, dem Institut für sozialpädagogische Forschung Mainz e.V. (ism) und dem Institut des Rauhen Hauses, Hamburg evaluiert. Der Zwischenbericht der umfangreichen Studie liegt als download vor (Evaluation 2004)[5]. Darin enthalten sind Länderberichte mit statistischen Angaben und der Entwicklung von Mediation an Schulen. So wurde festgestellt, dass in erster Linie weibliche Personen, also Schülerinnen und Lehrerinnen die Mediation an Schulen anleiten und durchführen. Am häufigsten wird das Konzept an Grund- und Hauptschulen und an Gymnasien eingesetzt. Ein Drittel der Schulen hat das Schlichtungsverfahren als Dauerprojekt installiert, so dass es auch Teil des Schulentwicklungsplans wurde.

Mediation kann sowohl intervenierend als auch präventiv genutzt werden. Da Mediation nach Ausbruch des Konfliktes zur Anwendung kommt, muss das Konzept eher als ein intervenierendes angesehen werden. Ehninger (2000, 50) hebt den auch präventiven Charakter hervor. Denn Mediation zeigt verschiedene Wirkungen, wenn sie als Konfliktbearbeitungsmodell implementiert ist:

- Verbesserung der Selbst- und Fremdwahrnehmung
- Steigerung der verbalen Ausdrucksmöglichkeiten, gerade auch in Bezug auf eigene Gefühle
- Fähigkeit zur Perspektivenübernahme
- Verbreiterung der Möglichkeiten zur Konfliktlösung
- Stärkung des Selbstwertgefühles und des Einfühlungsvermögens

---

5 Der Schlussbericht kann seit Frühjahr 2006 abgerufen werden unter: http://www.evaluation-schulmediation.de/_pdf/Abschlussbericht_Web.pdf.

Schubarth (2003) führte an Schulen in Mecklenburg-Vorpommern eine Evaluationsstudie durch. Die Hypothese, dass Streitschlichtung Gewalt reduziere, konnte dort nicht eindeutig bestätigt werden. Schubarth stellte bei den Streitschlichtern jedoch einen „deutlichen Kompetenzzuwachs" fest. Sie lernten einen anderen Umgang mit Konflikten, der sich auch auf den privaten Bereich anwenden ließ. Ebenso äußerten die Konflikthelfer, sich selbstbewusster und reifer zu fühlen.

Peer-Mediation ist ein ressourcenförderndes Konzept. Es bietet Jugendlichen ein konkretes Verfahren, ihre Auseinandersetzungen eigenständig zu bewältigen, ohne dabei auf Rituale von Macht und Gewalt zurückzugreifen (Becker 1998, 462). Auf diese Weise vereinbarte Absprachen haben somit eher die Chance eingehalten zu werden, als die durch die Autorität dritter Personen zustande gekommenen.

Viele Lehrer fühlen sich durch das Angebot der Mediation im Alltag entlastet, da sie von dem Druck entbunden sind, ad hoc Lösungen für Konflikte zu finden. Besonders effektiv ist das Streitschlichtungskonzept, wenn auch Lehrer fort- und weitergebildet werden und so andere Konfliktlösungsstrukturen an der Schule mittragen (Ehninger/Schuster 2004, 63 ff.). Wird Mediation systemisch implementiert, also unter Einbezug der Schulleitung, des Lehrkörpers, der Eltern, Schulsozialarbeiter und Schüler hat es die besten Chancen, zur nachhaltigen Verbesserung des Schulklimas beizutragen (Braun/Rademacher 2003).

Kritik

Mediation, so sind sich viele Autoren einig, ist kein Allheilmittel gegen Gewalt an Schulen (Simsa 2004, Seydel 2003). Hinter der Streitschlichtung verbirgt sich das sehr anspruchsvolle Konzept der Mediation, das ein hohes Maß an Selbstreflexion, Neutralität und Einfühlungsvermögen von den

Schlichtern fordert. Bezweifelt wird, ob diese Anforderungen von Jugendlichen in der schwierigen Phase der Pubertät überhaupt erfüllt werden können. Die Pubertät ist gekennzeichnet von Suchbewegungen, von Normüberschreitungen, dem Testen von Grenzen zur eigenen Identitätsbestimmung und einer starken Peer-Orientierung, alles Faktoren, die eine wirklich neutrale, allparteiliche Haltung sehr schwer machen. Ob eine solche Haltung in einem Crashkurs zum Konfliktlotsen nachhaltig vermittelt werden kann, ist fraglich. Die Ausbildung für hauptamtliche Mediatoren ist nicht ohne Grund auf mehrere Jahre angelegt und durch intensive Supervision und Coaching begleitet, was den Anspruch des Verfahrens deutlich macht.

Ein weiterer Kritikpunkt an der Wirksamkeit der Mediation an Schulen bezieht sich auf die Freiwilligkeit der Konfliktparteien. Die Bedingungen für eine Streitschlichtung sind beidseitiges Einverständnis und Freiwilligkeit. In der Schule, die per se eine „Zwangsveranstaltung“ ist, kann nicht generell von freiwilliger Teilnahme an solchen Programmen gesprochen werden. Schlichtungsgespräche werden nach wie vor häufig von Lehrkräften „verordnet“, um drohende Klassenkonferenzen oder Ordnungsmaßnahmen zu verhindern.

Eine weitere Problematik ist, dass wirklich gewaltbereite Jugendliche die Rolle der Konfliktlotsen nur schwer akzeptieren und sich in der Regel weigern, an einem Peer-Mediations-Prozess mitzuwirken. Das Konzept der Schulmediation hat also seine Grenzen, vor allem in der Zielgruppe. Dies verdeutlicht sich auch an der starken Gesprächsorientierung des Verfahrens. Streitschlichtung vollzieht sich im Gespräch und ist vorrangig verbal und kognitiv ausgerichtet. Schwierig wird der Einsatz des Verfahrens also bei Jugendlichen, denen es an Sprachkompetenz mangelt, beispielsweise Migranten und Migrantinnen und einem Teil der benachteiligten Jugendlichen. Ihre mangelnde sprachliche Ausdrucksfähigkeit erschwert die

Lösung von Konflikten. Dem wird durch die Methode nicht Rechnung getragen. Schramkowski (2003) kritisiert generell, dass in einer Mediation, an der Menschen verschiedener Kulturen beteiligt sind, zu wenig auf die unterschiedlichen kulturspezifischen Umgangsweisen mit Konflikten geachtet werden kann. Vermittelt ein türkischer Mediator zwischen einem deutschen und afrikanischen Jugendlichen, so blickt jeder durch seine spezifische Brille. Während der afrikanische Jugendliche durch das Vermeiden von Blickkontakt Respekt ausdrückt, gebührt es beispielsweise der Respekt für den Deutschen, diesen zu halten. Hieran zeigt sich die hohe Anforderung an interkulturelle Sensibilität, die im Prozess einer Mediation vonnöten ist.

Streitschlichtungs- und Konfliktlotsenmodelle wirken nur dort nachhaltig, wo Schule sich in der Gesamtheit auf einen anderen Umgang mit Streit und Konflikt einstellt, Streitschlichter genügend Öffentlichkeit, Beratung und Unterstützung von Seiten der Pädagogen erfahren und somit ernst genommen werden.

Praxisbeispiele

Es gibt eine Fülle von Programmen zur Streitschlichtung, wie das Konfliktlotsenprogramm von Ortrud Hagedorn u.a. (2005) oder das Bensberger Mediations-Modell von Braun u.a. (2004). Exemplarisch darstellen wollen wir hier das Schülermediationsprogramm von Kurt Faller und als Anwendungsbeispiel für die systemische Implementierung an Schulen, den Modellversuch „Mediation und Partizipation" in Hessen.

A) „Konflikte selber lösen" – Mediation in der pädagogischen Arbeit Das Konzept Kurt Fallers

Unter der Federführung Kurt Fallers entwickelte eine Arbeitsgruppe 1994 ein Konzept zur Ausbildung von Schülermediatoren als Modellprojekt für die Stadt Offenbach. Das Bausteinkonzept wurde deutschlandweit vertrieben. Es basiert auf Mediation, Peer-Group-Education, Konflikt- und Projektmanagement und Ergebnissen der Kommunikationsforschung (Faller u.a. 1996, 7 f.).

Faller geht von einem positiven Verständnis von Konflikten aus: „Konflikte bieten eine Chance zur Entwicklung und zur Verbesserung der gegenseitigen Beziehungen … Nicht der Konflikt an sich ist das Problem, sondern die Art und Weise, wie damit umgegangen wird" (ebd., 11).

Das Programm will den Schülern helfen, auf Gewalt als Mittel zur Lösung von Konflikten zu verzichten und ihre Problemlösungskompetenzen fördern. Schüler werden nicht als Problemverursacher sondern Problemlöser gesehen.

Aufgebaut aus 8 Bausteinen und 28 Einheiten umfasst das Ausbildungskonzept mehr als 120 Stunden. Es können aber auch bestimmte Elemente herausgenommen werden, um einzelne Projekttage oder zweitägige Veranstaltungen durchzuführen.

Baustein 1: Grundregeln
Gruppenfindung, Gesprächs- und Verhaltensregeln in der Gruppe

Baustein 2: Konflikt
Ursachen von Konflikten, Gefühle verstehen, Konfliktlandkarten erstellen

Baustein 3: Konfliktanalyse
Detaillierte Betrachtung von Konflikten, auch interkulturell und geschlechtsspezifisch

Baustein 4: Kommunikation
Kommunikative Grundfertigkeiten und sachgerechtes Verhandeln
Baustein 5: Konsens
Lösungen finden
Baustein 6: Mediation
Erläuterung der Grundprinzipien der Mediation
Baustein 7: Peer-Group-Education
Anleitung zum Aufbau einer Streitschlichter-Gruppe
Baustein 8: Schulprogramm
Richtet sich an die Pädagoginnen und Pädagogen: Begleitung der Streitschlichter als Coach, Integration der Streitschlichtung an der Schule bzw. Jugendhilfe-einrichtung

Die eingesetzten Methoden und Techniken sind: Rollenspiele, Statuen- und Forumtheater, Blitzlicht, Brainstorming, Meinungsbarometer, Feedback und spielpädagogische Übungen.

B) Projekt Konfliktbearbeitung und Gewaltprävention
Mediation und Schulprogramm
Ein hessisches Projekt des Amtes für Lehrerbildung, Frankfurt am Main

Das Amt für Lehrerbildung unter Leitung von Helmolt Rademacher hat aus dem Konzept Fallers ein mehrstufiges, systemisch angelegtes Programm zur Umsetzung von konstruktiver Konfliktbearbeitung als Teil des Schulprogramms entwickelt. Zentraler Aspekt ist, dass die Implementierung der Mediation eine gewisse Haltung bedeutet, die nicht nur stundenweise bei der Regelung von Konflikten zur Schau getragen wird, sondern sich jederzeit im Alltag einer Schule widerspiegeln sollte. Deshalb sollen möglichst viele Schüler, Lehrer und Eltern einer Schule sensibilisiert werden, mit Konflikten konstruktiver umzugehen. Erst im zweiten Schritt wird die Mediation als Verfahren konkret eingeführt.

Das Programm besteht aus verschiedenen Modulen und beginnt zunächst mit der Schulung von mindestens 10% (besser 25%) eines Kollegiums. Die Lehrkräfte erhalten ein umfassendes, 30-stündiges Basistraining, das die Voraussetzung für alle weiteren Module bildet. Danach folgen Klassenprogramme zum sozialen Lernen und Umgang mit Konflikten für alle Klassen der Jahrgangsstufen 5 bis 8. In Klasse 5 und 6 wird das Konzept von Christa Kaletsch (2003) „Konstruktive Konfliktkultur" zugrunde gelegt, für die Klassen 7 und 8 das vom Amt für Lehrerbildung herausgegebene Sensibilisierungsprogramm von Altenburg „Die Kunst Konflikte produktiv zu lösen" (2005). Dabei steht vor allem das Arbeiten an der mediativen Haltung im Vordergrund; Übungen zum Nicht-Werten der Meinung anderer oder das Aushalten von Unterschieden sind Beispiele dafür.

Nachdem eine große Bandbreite an Schülern durch Seminartage und Schulstunden an die Thematik herangeführt wurde, kann im nächsten Schritt das Verfahren der Mediation eingeführt werden. Ein bis zwei Lehrer oder Lehrerinnen pro Schule absolvieren dazu eine 100-stündige Weiterbildung zum Schulmediator oder zur Schulmediatorin und werden dadurch befähigt, sowohl Schüler zu Streitschlichtern auszubilden und zu begleiten, als auch Konflikte zwischen Kollegen (anderer Schulen) zu schlichten.

Auch die Schülervertretung wird als Bindeglied zwischen Lehrkörper und Schülerschaft einbezogen.

200 von 2000 Schulen in Hessen partizipieren an diesem Programm, 19 Schulen beteiligen sich derzeit an dem bundesweit auf fünf Jahre angelegten Programm der Bund-Länder-Kommission (BLK) „Demokratie lernen und leben" mit dem hessischen Schwerpunkt „Mediation und Partizipation".

Die Arbeitsgruppe Sozialpsychologie der Philipps-Universität in Marburg wurde 2004 mit der wissenschaftlichen Begutachtung des Eingangsprogramms von Kaletsch beauftragt. Analysiert werden sollte, welche Maßnahmen zum Einsatz kommen, welche Ziele erreicht werden sollen und ob der Zusammenhang zwischen Maßnahme und Zielerreichung empirisch plausibel erklärbar ist. Zusammenfassend beschreiben die Autoren das Programm als theoretisch fundiert (Neumann/Wagner 2005).

Amt für Lehrerbildung
Stuttgarter Str. 18-24
60329 Frankfurt am Main
Tel.: 069/38989-230
Fax: 069/38989-606
E-Mail: h.rademacher@afl.hessen.de
Website: www.mediation-partizipation.de
Projektleiter: Helmolt Rademacher

2.2 Mediation in der außerschulischen Kinder- und Jugendarbeit

Mediation wird auch in der außerschulischen Arbeit mit Jugendlichen und Kindern angewandt, jedoch nicht in dem Umfang wie in der Schule. Ein Grund dafür ist die erschwerte Implementierung. Die Schwierigkeiten bei der Umsetzung in der offenen Kinder- und Jugendarbeit resultieren in der Regel aus den institutionellen Rahmenbedingungen: Jugendliche sind freiwillig in Jugendhäusern, gehen und kommen, wie sie wollen, müssen sich nicht auseinandersetzen, den Konflikten stellen, oder in irgendeiner Form mitarbeiten. Konflikte können ohne Mühe nach draußen, auf die Straße verlagert werden, man muss nur das Gebäude verlassen. Generell herrscht in Jugendhäusern große Fluktuation und eine stärkere Polarisierung verschiedener Gruppierungen, oft abhängig von Nationalitäten. Die „Aneignung" von Räumen ist häufig Streitthema. Betrachtet man die Bedingungen einer gelingenden Mediation, so ist die Etablierung einer konstruktiven Streitkultur also weit schwieriger als im System Schule, das weitgehend hierarchisch strukturiert ist, über ein festes Regelwerk verfügt und Verpflichtungen auferlegt. Oftmals fehlt es in Jugendzentren auch an Ressourcen, wie geeigneten Rückzugsräumen und ausreichend Personal, um Konflikte zeitnah ausreichend besprechen zu können (Schmauch 2001).

Durch Beispiele von angloamerikanischen Mediation-Centres angeregt, etabliert sich Mediation auch in der Gemeinwesenarbeit einiger Großstädte, wie Frankfurt am Main, Berlin, Köln und Freiburg (Czarzynski 2004). Hier vermitteln ausgebildete Schlichter in Stadtteilbüros zwischen sehr unterschiedlichen Gruppen in nachbarschaftlichen, interreligiösen oder mietrechtlichen Konflikten. Das Angebot richtet sich nicht ausschließlich an Jugendliche, trotzdem sind sie oft davon betroffen, da ihre jugendspezifische Nutzung öffentlicher Räume zu Ärgernissen führt.

Evaluation und Effekte

Der strenge, methodische Gebrauch des Mediationsverfahrens wurde in einer Untersuchung von Schmauch bei Absolventen einer Fortbildung zu Mediation in der offenen Jugendarbeit von 1998 kontrovers eingeschätzt. Als Verfahren biete es eine klare Struktur für die pädagogische Arbeit, so die Meinung einiger Teilnehmer. Andere waren der Auffassung, dass das Verfahren nur durch eine jugendgemäße Modifizierung, wie die Anpassung an die verschiedenen kulturellen Hintergründe, die geringe Bildung, Sprache, Tempo und begrenzte Ausdauer der Jugendlichen nutzbar gemacht werden kann (Schmauch 2004, 148). In der offenen Kinder- und Jugendarbeit findet die Mediation aus den genannten Gründen meist nur in Elementen Anwendung, hat aber trotz allem einen hohen Gewinn für die Mitarbeiterinnen und Mitarbeiter. Die mit der

Mediationskompetenz erworbenen Fähigkeiten zum besseren Umgang mit Konflikten können – auch wenn keine geregelte Mediation durchgeführt wird – einen zusätzlichen „Qualifikationsschub“ in den Jugendeinrichtungen auslösen (Becker 1998, 463).

Praxisbeispiel

Peer-Mediation in Jugendzentren in Reinickendorf (Berlin)
Einjähriges Training zur Ausbildung von Peer-Mediatoren in der offenen Jugendarbeit

Das Bezirksamt Reinickendorf von Berlin, Abteilung Jugend und Soziales bietet den Mitarbeitern offener Jugendeinrichtungen im Bezirk eine Fortbildung in Mediation sowie Unterstützung bei der Implementierung der Peer-Mediation in der eigenen Einrichtung. Es wird davon ausgegangen, dass das Gelingen der Peer-Mediation einer umfangreichen Verankerung des Konzeptes in der Jugendeinrichtung bedarf. Sollen Jugendliche an der Lösung von Konflikten gleichberechtigt mitwirken, müssen sie auch in allen anderen Bereichen des Jugendhauses beteiligt werden. Dies kann durch Übernahme von Thekendiensten oder Verantwortlichkeiten für bestimmte Bereiche gewährleistet werden.

Die Ausbildung der Jugendlichen dauert ca. ein Jahr und erfolgt in sechs Stufen:

1. *Stufe: Vorstellen des Konzepts. Die Einrichtung überprüft, ob sie das Konzept übernehmen kann.*
2. *Stufe: Einführung in die Mediation (zwei bis drei Tage)*
3. *Stufe: Konzeptionelle Umsetzung der Mediation. Welche Änderungen müssen in der Einrichtung vorgenommen werden (pädagogisch, zeitlich, räumlich)?*
4. *Stufe: Vorbereitung der Ausbildung der Peer-Mediatoren z.B. Themenwoche zu Gewalt. Sensibilisierung und Bearbeitung der Thematik durch Theater, Musik etc.*

5. *Stufe: Ausbildung der Jugendlichen in 40 bis 50 Unterrichtseinheiten in Blöcken oder Tagesveranstaltungen*
6. *Stufe: Eingliederung der Peer-Mediatoren und Begleitung durch die Mitarbeiter.*

Bezirksamt Reinickendorf von Berlin
Abt. Jugend und Familie
Jugend- und Familienförderung
Eichenborndamm 215-239
13437 Berlin
Tel.: 030/41926071
E-Mail: mediation@jugend-reinickendorf.de
Website: www.jugend-reinickendorf.de
Ansprechpartnerin: Kathi Herz

2.3 Mediation in Jugendsportverbänden

Auch Sportverbände haben mit zunehmenden Gewaltausschreitungen bei Fußballspielen das Konzept der Vermittlung für sich entdeckt. Nicht nur die Auseinandersetzungen zwischen den Fans, denen mit Fanprojekten begegnet wird, sondern auch die der Mannschaften untereinander haben an Brisanz gewonnen. Friedliche Rückspiele sind teilweise nicht mehr ohne eine externe Regulierung der Konflikte möglich. Dies erfordert professionelle Konzepte.

Praxisbeispiel
„Interkulturelle Konfliktvermittlung/Mediation" im Fußball
Sportjugend Hessen

In den letzten Jahren wurde beobachtet, dass z.T. gewaltförmige Ausschreitungen im Fußball zunahmen, die durch die traditionelle Sportgerichtsbarkeit nicht dauerhaft und zufriedenstellend gelöst werden konnten. Verhängte Strafen, wie Spielsperren, verführten Spieler dazu, den Verein zu wechseln und mit falschem Pass anderweitig weiterzuspielen, erzielten also nicht den beabsichtigten Effekt. Gerade im Umgang mit interkulturellen Konflikten existieren erhebliche Unsicherheiten. Ausländische Spieler fühlten sich häufig von deutschen Schiedsrichtern ungerecht behandelt, deutsche Spieler empfanden die ausländischen als zu leicht reizbar, die Schiedsrichter selbst waren nicht ausreichend ausgebildet, Konflikten präventiv zu begegnen (Ribler 2003, 14 ff.).

Die Sportjugend Hessen entwickelte deshalb 1998 das Projekt „Interkulturelle Konfliktvermittlung/Mediation" in Kooperation mit dem Landessportbund und dem hessischen Fußballverband zur Gewaltprävention und konstruktiven Konfliktbearbeitung in Fußballvereinen.

Mit der Absicht ein ressourcen- und beteiligungsorientiertes Konzept zu entwickeln, begann die Sportjugend zwölf Fußballmediatoren auszubilden, die jetzt auf Anfrage die Vereine besuchen und bestehende Konflikte zwischen Mannschaften schlichten. Dabei werden gemeinsam Verhaltensregeln erarbeitet und schriftlich festgehalten, damit friedliche Rückspiele möglich werden. Die Mediatoren werden entweder durch den Verein selbst oder den Rechtsausschuss des Verbandes bestellt.

Das Konzept der interkulturellen Konfliktvermittlung sollte aber auch nachhaltig in die Vereine selbst hineingetragen werden; dies erreichte man durch die Implementierung inhaltlicher Module in Jugendbetreuerausbildungen, sowie Schulungen von Trainern und Schiedsrichtern, Vereinsführungskräften und auch Eltern.

Bereits die E-, D- und C-Mannschaften werden in Kursen zum Fair-Play angeleitet. Die Trainings beinhalten die Auseinandersetzung mit der Entstehung von Konflikten im Fußball, Umgang mit der eigenen Wut, Wahrnehmung eigener und fremder Gefühle, Handlungsstrategien im Streit und Kooperationsübungen. Rund 1000 Funktionsträger absolvierten ein solches Training. Vereine können dieses und weitere Angebote zur Team-

entwicklung in Mannschaften hessenweit abrufen (Sportjugend Hessen 2002).

Mittlerweile arbeiten 35 Personen zum Teil ehrenamtlich im Projekt. Etwa die Hälfte des Teams besteht aus ausgebildeten Fußballmediatoren und -mediatorinnen, die andere Hälfte setzt sich aus professionellen Mediatoren, Kommunikationstrainerinnen, Erlebnis-Pädagogen und Funktionsträgern des HFVs zusammen (Ribler 2003, 18).

Das Verfahren ist mittlerweile in die Rechtsordnung der Schiedsverfahren aufgenommen worden und ist fester Bestandteil in der Schlichtung von Konflikten.

Sportjugend Hessen
Im Landessportbund Hessen e.V.
Otto-Fleck-Schneise 4
60528 Frankfurt am Main
Tel.: 069/6789401
Fax.: 069/69590175
E-Mail: ARibler@sportjugend-hessen.de
Website: www.sportjugend-hessen.de
www.sportjugend-hessen.de/html/aktuell/mediation/mediation.php
Ansprechpartnerin: Angelika Ribler

2.4 Täter-Opfer-Ausgleich (TOA)

„Täter-Opfer-Ausgleich bietet für Opfer und Täter eine Gelegenheit außergerichtlich unter Beteiligung eines unparteiischen Dritten eine befriedende Regelung von Konflikten herbeizuführen" (TOA-Servicebüro 2001).

Die Verwandtschaft zur Mediation ist offensichtlich, hier gelten die gleichen Prinzipien: Freiwilligkeit, Vermittlung durch Dritte, Allparteilichkeit und Autonomie in der Lösungs-

findung. TOA wird im Erwachsenen- und Jugendstrafrecht angewandt. Zielgruppe sind Täter und Opfer von Straftaten, häufig handelt es sich dabei um Diebstahl, Sachbeschädigung oder Körperverletzung.
Ein TOA umfasst regelmäßig

- Konfliktberatung und/oder Konfliktschlichtung,
- eine Vereinbarung über die Wiedergutmachung,
- Leistungen des Täters zur Wiedergutmachung und
- die Berücksichtigung der Täterbemühungen im Strafprozess.

Eine Wiedergutmachung kann eine Entschuldigung, ein Schadensersatz, ein Schmerzensgeld oder eine symbolische Handlung in Form von Geschenken, Arbeiten für das Opfer, Einladungen o.ä. sein. Mancher Jugendliche wird in die Pflege der Opfer von Gewalttaten miteinbezogen. § 46a StGB regelt, dass sich ein erfolgreicher TOA strafmildernd auswirkt. Aber nicht nur darin liegt die Attraktivität eines Ausgleichs. Nutzen ziehen beide Parteien, der TOA hilft Täter und Opfer, die Tat zu verarbeiten.

Ähnlich wie die Mediation läuft ein TOA nach einem bestimmten Schema ab. Beginnend mit einem Vorgespräch, in dem ein Vermittler (in der Regel ein Sozialarbeiter mit Zusatzqualifikation) mit allen Parteien deren Freiwilligkeit und Bereitschaft zur Teilnahme klärt, werden mit Täter und Opfer zunächst die Regeln geklärt. Es folgt ein Konfliktgespräch in dessen Verlauf die Aufarbeitung und Erhellung des Konflikts, die unterschiedlichen Sichtweisen von Täter und Opfer und das Verstehen von Gefühlen des jeweils anderen im Mittelpunkt stehen. Die Wiedergutmachungsleistung wird vereinbart und schriftlich fixiert. Der Sozialarbeiter oder die Sozialarbeiterin überwacht die Durchführung der Ersatzleistungen und veranlasst eine Rückmeldung an die Gerichte und die Staatsanwaltschaft, damit das Ergebnis des Ausgleichs bei der Festsetzung des Strafmaßes Berücksichtigung findet (TOA-Servicebüro 2001).

TOA wird von freien (Vereine, GmbHs) und behördlichen Trägern (Jugendgerichtshilfe) angeboten. Wenden sich die Betroffenen nicht selbst an die Stellen, so kann ein Ausgleich von der Staatsanwaltschaft oder den Gerichten verordnet werden.

Im Laufe der Jahre sind regionale Ausgleichsstellen entstanden, die sogenannten TOA-Büros. 1992 wurde auf Beschluss des Bundestages eine Zentralstelle in Köln als ein Projekt des DBH e.V. – Fachverband für soziale Arbeit, Strafrecht und Kriminalpolitik – eingerichtet. Der Fachverband ist aus dem Verein für Bewährungshilfe hervorgegangen und beschäftigt sich in erster Linie mit Straffälligenhilfe. Das Servicebüro soll die Wiedergutmachung als eine Alternative zur traditionellen Strafrechtspraxis etablieren. In erster Linie kümmert sich das Kölner Büro um Qualitätssicherung und -entwicklung, Ausbildung und Öffentlichkeitsarbeit.

Der Verlauf eines TOA steht und fällt mit der Professionalität des Vermittlers und der Qualität des Wiedergutmachungsprozesses. Die dazu entwickelten Qualitätsstandards wurden von einigen Büros in der „Herbsteiner Erklärung“ 1994 unterzeichnet (TOA 2005).

Evaluation und Effekte

Eine wissenschaftliche Begleitung von TOA existiert seit Beginn der Implementierung in den 80er Jahren. Insgesamt verweisen laut Winter alle Studien darauf, dass „TOA mit hohem Erfolg (im Sinne der Beteiligungs- und Schlichtungsquote) im Bereich mittlerer bis schwerer Kriminalität durchgeführt wird und mindestens achtbare Ergebnisse erzielt werden“ (Winter 2005, 199).

Eine flächendeckende Evaluation aller TOA-Stellen in Schleswig-Holstein von 1991-1995 zeigte, dass 74% der Beschuldigten in einem Zeitraum von drei Jahren nicht mehr strafrechtlich in Erscheinung traten. 26% wurden erneut straffällig (Winter 2005). Die durchschnittliche Legalbewährung Jugendlicher liegt bei 58%. Es kann also von einem erfolgreichen Konzept gesprochen werden.

Opfer von Gewalttaten erleiden oft eine Traumatisierung, die ihre Lebensqualität entscheidend einschränkt. Normale Strafverfahren sind täterzentriert und lassen die Opfer außer Sicht. Der TOA bietet den Geschädigten die Möglichkeit, Gefühle wie Wut, Angst und Schmerz zu bearbeiten. Persönliche Bedürfnisse innerhalb einer Wiedergutmachung können benannt werden.

Die Täter werden mit den Leidtragenden ihrer Straftat konfrontiert und lernen so, Verantwortung zu übernehmen, sich zu entschuldigen und aktiv an der Kompensation zu beteiligen. Die direkte Konfrontation mit den Konsequenzen ihres Handelns wirkt eher kriminalitätsvorbeugend als eine Strafe, die abgebüßt wird, aber keine Chance zum sozialen Lernen bietet.

Rössner (2005) sieht im Opferbezug des TOA gerade auch für den Strafvollzug ein wesentliches Element, Verantwortung und Einfühlungsvermögen zu fördern, denn „die Entwicklung von Empathie [gilt] als einer der wirksamsten Schutzfaktoren gegen Gewalt“ (ebd., 32). Neutralisierungstechniken, wie Bagatellisieren der Tat oder Zuschieben der Ursachen auf das Opfer, sind im konkreten Austausch mit dem Geschädigten nicht möglich, das Opfer muss als Person anerkannt werden. Der Ausgleich ermöglicht das Erlernen friedlicher Konfliktlösungen am Modell und der Täter kann durch seine Mitarbeit an einer akzeptablen Wiedergutmachungsvereinbarung auch seine positiven, konstruktiven Persönlichkeitsanteile herausstellen.

Praxisbeispiel

In der Regel übernehmen so genannte TOA-Büros die Ausgleichsgespräche. Die regional zuständigen Stellen können über eine Suchmaschine des Servicebüros (Adresse siehe Weiterbildung und Forschung) eruiert werden.

Projekt ERWISCHT, Jugendberatungsstelle der Polizei, Magdeburg

Die Jugendberatungsstelle bei der Polizei (JUBP) Magdeburg macht sich das Prinzip der TOA-Gespräche und der Wiedergutmachung in der Intervention bei Kindern und Jugendlichen zunutze, ohne im Sinne des Strafgesetzbuches einen TOA durchzuführen.

Durch die Zunahme von Ladendiebstählen, Sachbeschädigungen und Körperverletzungen durch strafunmündige Kinder sah sich die JUBP gefordert, für diesen Personenkreis ein sozialpädagogisches Konzept zu entwerfen. In Magdeburg existiert seit Jahren ein bundesweit selten anzutreffendes Kooperationsprojekt zwischen Sozialarbeit und Polizei. Zwölf Sozialarbeiterinnen und Sozialarbeiter sind in den Polizeidienststellen in eigenen Räumen tätig, um hier direkt pädagogisch intervenieren zu können. Da die Kinder nach ihrer Festnahme durch die Polizei zunächst auf die jeweilige Polizeiwache gebracht werden, um die Personalien festzuhalten und die Eltern zu verständigen, bietet sich hier eine gute Gelegenheit zum Gespräch. Basierend auf dem Konzept der „Spontanen Schadenswiedergutmachung" für Jugendliche werden Kinder nun auch direkt nach der Tat mit dem Geschehenen konfrontiert, damit sie die Handlung reflektieren und evtl. wiedergutmachen.

Das Angebot des Beratungsgesprächs soll kindgerecht

- *mit der eigenen Tat konfrontieren,*
- *die Einsicht erzeugen, zum eigenen Handeln stehen zu müssen,*

- *die Rechtfertigungs- und Bagatellisierungstaktiken bewusst machen und bearbeiten,*
- *an das Verantwortungsbewusstsein appellieren,*
- *durch eigenes Mitwirken die Negativfolgen, z.B. Hausverbot, überwinden,*
- *über Hilfsangebote und wachsende Tatrisiken aufklären,*
- *über Rechte der Ladeninhaber und Institutionen aufklären,*
- *und über Folgen bei Wiederholungstätern und eigene Rechte aufklären*

(Bode 2000, 246-247).

Bei manchen Delikten wird auf Wunsch des Kindes und mit Einverständnis der Eltern die so genannte spontane Schadenswiedergutmachung eingeleitet. Die Sozialarbeiterinnen und Sozialarbeiter bereiten ein Treffen zwischen Geschädigtem und Betroffenen vor und klären die Möglichkeiten eines Ausgleichs. Dies können z.B. Reparatur- und Reinigungsleistungen bei Sachbeschädigung oder Hilfstätigkeiten im Geschäft, bzw. auch eine Entschuldigung in der Filiale sein. Entgegen der üblichen Praxis des TOA greifen die Ausgleichsgespräche des JUBP vor dem Strafverfahren und werden nicht in die Ausgleichsstatistik eingerechnet.

Seit 1998 wurden 262 Kinder nach Ladendiebstahl vermittelt, 27% machten den Schaden wieder gut (davon wurden nur sieben Kinder wieder rückfällig), 99% entschuldigten sich.

Die zeitnahe Konfrontation mit der Tat und den Geschädigten, die Hand in Hand mit weiterer sozialpädagogischer Beratung und Hilfe geht, hat hier eine weitreichende kriminalitätsvorbeugende Wirkung (Bode 2000, 150 f.).

JUBP
Sozialpädagogische Beratungsstelle für junge Menschen
Polizeidirektion Magdeburg
Sternstr. 12
39104 Magdeburg
Tel: 0391/ 544 07 86
Fax: 0391/546 15 69
Website: www.polizei-magdeburg.de
Ansprechpartner: R. Bode

3. Körperorientierte und erlebnispädagogische Konzepte

Körper- bzw. bewegungsorientierte und erlebnispädagogische Konzepte stellen das Handeln, das Erfahrungslernen und das Arbeiten mit und durch den Körper in den Mittelpunkt. Sie versuchen einen Gegenpol zur relativ reizarmen Umgebung zu schaffen, in der viele Jugendliche heute aufwachsen. Das Erleben von außergewöhnlichen, körper- und selbstbewusstseinsfördernden Angeboten soll den durch Frust und Langeweile entstehenden Gewaltausschreitungen vorbeugen.

3.1 Körperorientierte Konzepte

Sport und Bewegung, so der Sportwissenschaftler Gunter Pilz haben in der Jugendphase eine hohe Bedeutung. Nicht nur das passive Konsumieren, sondern auch die aktive Beteiligung an Sportangeboten sind für Jugendliche in ihrer Freizeitgestaltung wichtig. Die Selbstdarstellung und Suche nach ihrer Identität läuft bei Jugendlichen verstärkt über die Präsentation des Körpers, das Styling und das sich auch äußerliche Zuordnen zu einer bestimmten Subkultur.

Bewegungs- und Spielangebote gewinnen deshalb an Bedeutung, weil neben Bedürfnissen, wie „Selbstbestätigung, Selbstverwirklichung, sozialer Anerkennung, Geborgenheit und Zuneigung", dann aber vor allem auch „die Suche nach Erfahrung von Abenteuer, Spannungs- und Risikoerlebnissen wie auch – für einen Teil Jugendlicher aus sozial deprivierten Lebenslagen (...) – Bedürfnisse des Auslebens aggressiver Männlichkeit, des Erwerbs von ‚Körperstilen und Körpersymbolen und der Gelegenheit zu deren öffentlichen Demonstration'" (Pilz 1991, 335) die Jugendphase bestimmen. Die Umwelt bietet Jugendlichen nicht mehr in ausreichendem Maße Orte, an denen sie diese Bedürfnisse befriedigen können.

Bewegungsfeindliche, erlebnis- und kontaktarme Wohngebiete sowie unattraktive Freizeitangebote verführen eher zum Abhängen und forcieren die Suche nach „Kicks“ und Sensationen, die sich in städtischen Gebieten in S-Bahn-Surfen, Tunnelrennen u.ä. ausdrücken. Hinzu kommt, dass Jugendliche sich gesellschaftlich nicht anerkannt fühlen und sich ihren Platz erst erkämpfen müssen; auch in der Schule erfahren sie häufig, was sie nicht können, und so verbleibt der Körper als letztes Kapital, der geformt, zur Schau gestellt und, wenn es sein muss, auch gewalttätig genutzt wird. Sport- und Bewegungsangebote haben somit eine hohe Relevanz in der Arbeit mit Jugendlichen und bleiben oft das letzte Mittel, um marginalisierte Jugendliche zu erreichen. Pilz plädiert generell für eine sportbezogene Jugendsozialarbeit, die für ihn inhaltlich und methodisch gleichzeitig gewalt- und kriminalitätsvorbeugend wirkt (Pilz 1991; Pilz/Peiffer 1998, 514).

Bewegungsbezogene Jugend(sozial)arbeit ist keine Erfindung und Forderung der Postmoderne. Was heute als förderungswürdig im Kinder- und Jugendhilfegesetz verankert ist („Jugendarbeit in Sport, Spiel und Geselligkeit“, §§ 11 und 13 SGB VIII[6]) zeichnete sich schon zu Turnvater Jahns Zeiten ab: Nur ein vielschichtiges Bewegungs- und Spielangebot kann den Bedürfnissen der Menschen in der wachsenden Industriegesellschaft gerecht werden (Pilz 2005, 16).

Sport wirkt sich, neben dem rein körperlichen Training und dem gesundheitsfördernden Effekt, auch in folgenden Bereichen positiv aus: Aggressionen können gesteuert abgebaut und körperliche Fähigkeiten positiv eingesetzt werden. Die Beziehungen der Jugendlichen (vor allem aus Randgruppen) untereinander, zu den Mitarbeiterinnen und Mitarbeitern, sowie zu ihrer Umwelt können gezielt gefördert und ver-

---

6 Siehe Gesetzestext in Kapitel IV.

bessert werden. Jugendliche haben außerdem die Möglichkeit, Regelakzeptanz zu lernen und Erfolgserlebnisse zu erzielen (ebd., 515).

Allerdings können die Sportangebote nicht mehr nur im Rahmen von Sportvereinen angesiedelt und an diese delegiert werden. Sportvereine verzeichnen zurückgehende Mitgliederzahlen. Die an Leistung und Wettbewerb ausgerichteten Angebote, die auch hohe Anforderungen an die Ausbildung sportmotorischer Fähigkeiten stellen, veranlassen Jugendliche, den Vereinen fernzubleiben. Sie verabreden sich eher auf öffentlichen Plätzen zum Fußball- oder Basketballspielen, ohne Verpflichtung und Leistungsdruck. Gerade benachteiligte Jugendliche verhalten sich oft quartiersbezogen und nehmen keine weiten Wege auf sich, um an Sportangeboten teilzunehmen.

Bewegungsorientierte Angebote, die Jugendliche tatsächlich erreichen sollen, müssen sich deshalb an folgenden Anforderungen messen:

- Ausrichtung des Angebots an den jugendlichen Bedürfnissen
- Geringe sportmotorische Anforderungen
- Eingehen auf jugendkulturelle Bewegungen
- Flexibilität hinsichtlich Raum, Zeit und Inhalt der Angebote
- Problemlose Übertragbarkeit der Angebote auf alle sonstigen Lebensbereiche
- Vermeiden von Blamagesituationen
- Angstfreie, animierende Lern- und Spielatmosphäre
- Förderung kooperativer Handlungsweise
- Bereitstellung geschlechtsspezifischer Angebote (körper- und bewegungsbezogene Mädchen- und Jungenarbeit)

(Kösterke/Stöckle 1989, 479 ff.)

Zwischen den Geschlechtern existieren vor dem Hintergrund von geschlechtstypischen Verhaltensmustern und Vorgaben nach wie vor erhebliche Unterschiede in der Sportaktivität. Während Mädchen eher Ästhetik, Körperformung, Schönheit und Harmonie betonen, suchen Jungen den Wettkampf, das Kräftespiel und die körperliche Auseinandersetzung mit anderen (Schulze-Krüdener 1999, 205). Ein geschlechterdifferenziertes Sportangebot muss diesen unterschiedlichen Bedürfnissen Rechnung tragen.

Wer den jugendlichen Interessen folgt, muss Räume zur Verfügung stellen, in denen junge Menschen sich aufhalten und selbst verwirklichen können. Oder man verlagert den Sport auf die Straße und in Stadtviertel hinein.

Sport wird in der sozialen Arbeit mit Jugendlichen als alternatives Freizeitangebot, aber auch als Trainingsform für aggressive Jugendliche und als Mittel der Erziehungshilfe in stationären Einrichtungen genutzt. Wir stellen hier exemplarisch den Mitternachtssport, den Kampfsport als Resozialisierungsmaßnahme in einem Anti-Aggressivitäts-Training und ein Trainingscamp der stationären Jugendhilfe vor, das den Sport als erzieherisches Mittel ins Zentrum der pädagogischen Arbeit rückt.

Effekte durch Sport

Klaus-Peter Brinkhoff misst dem Sport eine hohe psychosoziale Bedeutung im Jugendalter zu. Sport leistet in vielfacher Weise physische, psychische und soziale Unterstützung, einerseits in der „Entwicklungs-Belastungs-Bewältigungs-Beziehung" als auch in der „Stress-Krankheits-Bewältigungs-Beziehung" (Brinkhoff 2000, 389). Durch den Aufbau eines positiven Körpergefühls können Jugendliche, sowohl körperlich als auch psychisch, Stress und Belastungen besser verarbeiten. Sie kennen Konkurrenzsituationen, sie erleben Erfolg und müssen

Niederlagen einstecken. Wer seinen Körper kennt und schätzt, verhält sich auch im Alltag körperbewusster und fühlt sich Krankheiten nicht ausgeliefert. Der Sport greift die Peer-Orientierung der Jugendlichen auf. Die im Sport erworbene Sozialkompetenz und die soziale Integration in die sporttreibende Gruppe reduzieren die Eintretenswahrscheinlichkeit potenzieller Belastungen.

Spezifische Kompetenzerfahrungen im Sport und die Anerkennung sportlichen Könnens bei Gleichaltrigen und auch Erwachsenen sind für den Aufbau personaler Identität von entscheidender Bedeutung. Durch sportliche Aktivitäten kann die körperliche Leistungsfähigkeit verbessert und das eigene Körperbild nachhaltig beeinflusst werden. Der gelungene Aufbau eines „sportiven Körperkonzeptes" kann den Grundstein einer wichtigen personalen Ressource darstellen (ebd., 390 ff.).

Für Pilz und Peiffer (1998) ist Sport keine „Reparaturwerkstatt für gesellschaftliche (Fehl) Entwicklungen", trotzdem hat er als Beitrag zur Gewaltprävention und sozialen Integration einen hohen Stellenwert. Sportliche Betätigung bietet die Möglichkeit zur körperlichen Entspannung, zur Lösung seelischer Spannungen und damit zum Abbau von Aggressionen. Zudem stärken Erfolgserlebnisse und Lernerfolge im Sport das Selbstbewusstsein, sowie das Vertrauen in die eigene Leistungs- und Belastungsfähigkeit. Das Akzeptieren vorhandener Regeln wird zudem erlernt. Sport ist als Anlass für soziale Kontakte und Gruppeneinbindung eindeutig positiv zu beurteilen. Freizeit, die zumindest teilweise in strukturierten, organisierten Zusammenhängen verbracht wird, kann die Akzeptanz von Gewalt und die Bereitschaft zur Gewaltausübung minimieren (Institut für Friedenspädagogik Tübingen e.V. 2005, 1 und Pilz/Peiffer 1998, 515).

Kritik an sportlichen Angeboten

Sport kann nicht per se als erzieherisch und förderlich für soziales Verhalten gelten. Vielmehr ist er vielfach auf Konkurrenz- und Leistungsdenken angelegt, auf Sieger-Verlierer-Konstellationen; er fördert ebenso gesundheitsschädliches Verhalten wie Doping und exzessiven Muskelaufbau. Auch das Fan-Wesen und der Nationalismus, der sich in manchen Bereichen zeigt, verweisen auf problematische Verstärkereffekte. Trainer brauchen eine spezielle Schulung, um die soziale Bedeutung des Sports auf geeignete Weise zur Geltung zu bringen (Oczenascheck 2003, 11).

Der Sicherstellung einer entsprechenden bewegungsbezogenen, gewaltpräventiven Jugendarbeit mit einem eigenständigen, breit gefächerten und eher spielerischen Sportangebot in der offenen Jugendarbeit sind auch dadurch Grenzen gesetzt, dass Sozialarbeiterinnen und Sozialarbeiter in der Regel keine Sport- bzw. Übungsleiterausbildung haben und somit nicht über die erforderliche Kompetenz verfügen, um entsprechende Sportangebote für Jugendliche bereitzuhalten. Darüber hinaus fehlen Hallen und Plätze für solche Angebote wie den Mitternachtssport (Pilz 2005, 24). Die Potenziale des Sports können aber nur dann voll zur Wirkung kommen, wenn die institutionellen Rahmenbedingungen gegeben sind, einschließlich einer besseren Kooperation zwischen Sportvereinen und Jugendarbeit (Brinkhoff 2000, 389).

3.1.1 Mitternachtssport

Der Mitternachtssport stammt aus den USA, wo in sozialen Brennpunkten durch ein Sportangebot in den späten Abendstunden Kriminalität und Vandalismus signifikant reduziert werden konnte. 1995 wurde das Konzept erstmals in Deutschland (Köln) umgesetzt und ist mittlerweile in vielen deutschen Großstädten aus der Palette körper- und bewegungsorientierter Maßnahmen nicht mehr wegzudenken (Pilz 2002, 1). Der Ansatz dieser gewaltpräventiven Sport- und Jugendsozialarbeit ist, Jugendlichen abends und nachts einen Raum zu bieten, an dem sie sich aufhalten, körperlich austoben und überschüssige Kräfte abbauen können. So sollen Frust oder Langeweile und der daraus potenziell entstehenden Gewalt vorgebeugt werden (Pilz/Peiffer 1998, 515).

Mitternachtssportangebote, d.h. offene und frei zugängliche Sport-, Spiel- und Bewegungsräume zu nächtlicher Zeit, sind ein Beitrag sowohl der primären als auch der sekundären Gewaltprävention, sie erreichen unter den Jugendlichen auch solche, die bereits auffällig geworden sind (Pilz 2005, 12 ff.).

Der Erfolg von Mitternachtssport ist darauf zurückzuführen, dass Bewegungsbedürfnisse junger Menschen ernstgenommen werden und Zeit und Inhalt des Angebotes sehr flexibel sind. Zudem sind die Events eine Gelegenheit für die Jugendlichen, mit sozialpädagogischen Fachkräften ins Gespräch zu kommen. Vor Ort beraten diese auch in vor- oder nachgelagerten Veranstaltungen – zu jugendrelevanten Themen; der Sport ermöglicht auf diese Weise ein niedrigschwelliges Angebot. Pilz und Peiffer betrachten die pädagogischen Möglichkeiten des Mitternachtssports als längst nicht ausgeschöpft. So könne ein Jugendzentrum mit einer positiven Einstellung zum nächtlichen Sport die sich ergebenden Gesprächs- und Interventionsgelegenheiten sozial-pädagogisch nutzen (Pilz/Peiffer 1998, 520).

Praxisprojekt
Mitternachtssport in Hannover

Der Mitternachtssport in Hannover entstand als direkte Antwort auf Probleme, die sich in einem sozialen Brennpunkt der Stadt ergeben hatten. Die Stadtteilrunde beschloss, Mitternachtssport für Jugendliche anzubieten, um diese von der Straße zu holen. Im No-

vember 1997 wurde das Konzept an vier Wochenenden mit sehr großem Erfolg erprobt und vom Institut für Sportwissenschaften der Universität Hannover unter der Leitung von Gunter A. Pilz wissenschaftlich evaluiert. In den darauf folgenden Jahren wurde der Mitternachtssport auch in anderen sozialen Brennpunkten der Stadt eingeführt. Die Standorte haben im Laufe der Jahre nicht nur eine spezielle Klientel herausgebildet sondern auch sportspezifische Akzentuierungen. Neben Fußball gibt es weitere Bewegungsangebote: Kampfkunst, Volleyball, Basketball, Badminton, Tambourello, Tischtennis, Trampolinspringen, Klettern, Skaten, BMX-Fahren, Inlinehockey, Snaken, Discoskating, Fitness, Step-aerobic, Streetdance u.a.

Das Mitternachtssportangebot in Hannover läuft an jedem zweiten Samstag im Monat zeitlich parallel und flächendeckend. Das Angebot erreicht 25 bis 600 Personen pro Veranstaltung; an den Mitternachtssport-Wochenenden befinden sich rund 1000 Jugendliche in den Sporthallen der Stadt. 2004 fanden insgesamt 84 Veranstaltungen in 15 verschiedenen Sportstätten mit insgesamt 8000 Teilnehmerinnen und Teilnehmern statt. Somit hat sich der Mitternachtssport zu einer festen Größe in der Jugendarbeit der Stadt etabliert (Mitternachtssport Hannover).

Die Partnerschaft basiert auf drei Säulen: dem organisierten Sport, den Verbänden und freien Träger der Jugendarbeit sowie der kommunalen Jugendarbeit. Jeder Standort wird von einem Partner aus der Jugendarbeit oder dem Sport betreut, so dass in jeder Halle ein Team von fünf Personen als Aufsicht, Organisatoren und Schiedsrichter für den geregelten und ordnungsgemäßen Ablauf zur Verfügung steht. Unterstützt werden die Partner von den Jugendkontaktbeamten der Polizei, die bei den meisten Veranstaltungen anwesend sind.

Die Mitarbeiter aus Jugendhilfe und Sportverbänden gehen aktiv auf die Jugendlichen zu, um sie zu gewinnen und in ihre Strukturen einzubinden (Pilz 2002).

Landeshauptstadt Hannover
Fachbereich Jugend und Familie
Ihmeplatz 5
30449 Hannover
Tel.: 05 11/ 16 84 10 82
E-Mail: Michael.Lockmann@Hannover-Stadt.de
Ansprechpartner: Sportkoordinator Michael Lockmann

Effekte und Evaluation

Mitternachtssport wird in der Regel unter gewalt- und kriminalitätsvorbeugenden Aspekten in sozialen Brennpunkten installiert. Man geht davon aus, dass junge Menschen nicht mehr die Energie für Schlägereien besitzen, nachdem sie sich körperlich ausgepowered haben. Erfolgserlebnisse im Sport erhöhen generell die Lebenszufriedenheit und allein das Wissen, wo man Freitagabend hingehen kann, verhindert in Teilen kleinkriminelle Delikte, die oft aus dem Konsum von Alkohol, Langeweile und Frust entstehen. Auch für die Beziehungen der Jugendlichen eines Stadtviertels untereinander hat das Miteinander-Sporttreiben eine Bedeutung, da es soziale Beziehungen stärkt und rivalisierenden Gruppenbildungen entgegenwirkt (Pilz 2005).

Nach den ersten Mitternachtssportveranstaltungen 1997 in Hannover-Mühlenberg, wurden die teilnehmenden Jugendlichen bezüglich ihrer Einschätzung des Mitternachtssportes befragt. Auf die Frage „Was hättest du getan, wenn es das Mitternachtssportangebot nicht gegeben hätte?“ lassen sich bei Pilz und Peiffer folgende Antworten der Jugendlichen nachlesen: „abhängen“, „langweilen“, „Videos reinziehen“, „da kein Geld rumhängen“, „gar nichts“, „Alkohol“ (Pilz/Peiffer 1998, 519). Wichtig war den Jugendlichen auch, dass ein hauptamtlicher Sozialarbeiter anwesend ist (Pilz 2005). Pilz u.a. schätzen den Mitternachtssport als ein ernstzunehmendes Angebot zur Gewaltprävention ein.

3.1.2 Kampfkunst in der Gewaltprävention

Kampfkünste und Kampfsport sind vor allem bei männlichen Jugendlichen sehr beliebt. Diese versprechen sich davon: körperliche Fitness, selbstbewussteres Auftreten durch ein Gefühl von Stärke, Beherrschung einer Technik und Fähigkeiten zur Selbstverteidigung. Auch die Suche nach Räumen zum Ausleben aggressiver Impulse sowie nach einer starken, fördernden Autorität führen Jugendliche in Kampfkunstvereine (Kuhn 1994, 488).

Die Sozialpädagogik hat in den letzten zehn Jahren auf diesen Trend reagiert und besonders in der Arbeit mit (gewaltbereiten) Jungen Kampfkunst in ihre Konzepte integriert.

Westlicher Kampfsport und fernöstliche Kampfkunst unterscheiden sich grundsätzlich. Der Kampfsport, wie Boxen, Kick- und Thaiboxen, bezeichnet ein reines Körpertraining, bei dem der Sieg über den anderen zählt, während die Kampfkunst geistige Komponenten beinhaltet und langfristig auf eine Änderung der inneren Haltung durch den Sieg über sich selbst abzielt. Die Übungen der vom Yoga inspirierten traditionellen „Budo-Künste“ beschreiben einen Weg, bei dem über die Ausübung bestimmter Bewegungsformen und Techniken ein seelisch geistiger Zustand „innerer“ Zufriedenheit, Ausgeglichenheit und hellwachen Bewusst-Seins erreicht werden soll (Wolters 1998, 129). Budo kommt aus dem Japanischen und bedeutet Nicht-Kampf-Weg, darunter fassen sich Formen wie Aikido, Kendo, Judo, Kyoto, aber auch Taekwondo und Karate-Do (Kuhn 1994, 495). Die Übungen werden bis zur Perfektion geübt, immer und immer wieder wiederholt und erfordern ein hohes Maß an Frustrationstoleranz und Disziplin. Im Zentrum steht der Kampf mit sich selbst. Das Ich mit seinen Schwächen muss erkannt und bearbeitet oder kontrolliert werden: Wut, Hass, Größenphantasien, Arroganz, Aggression und Rücksichtslosigkeit in den Griff zu bekommen, hat oberste Priorität. So sind die Kämpfe keine Wettkämpfe, aus denen ein Sieger hervorgeht, der Gegner wird vielmehr zum Partner der eigenen Selbstbeherrschungs-Übung. Das Prinzip der echten Wertschätzung des Partners bedeutet, ihn nicht an verbotenen Stellen zu berühren oder zu treffen; das bedarf der höchsten Aufmerksamkeit. Der Sieg ist ohne Bedeutung für das Gelingen der Übung (Wolters 1998, 130).

Straßenkämpfe verlaufen nach anderen Regeln; hier werden jene Stellen getroffen, die den Gegner ausschalten sollen; der Sieg ist das wichtige und respektverschaffende Element. Nach Wolters können Jugendliche, für die Kämpfen eine sehr wichtige und lebensweltbestimmende Bedeutung hat, über die Schiene der Kampfkunst gut erreicht werden. Für unbeherrschte, unkontrollierte, leicht erregbare „Schläger" ist Budo ein ideales Training (ebd., 131). Das spezifische „Kämpfen-Wollen" wird über das „Kämpfen-Lernen" im Budo in einen souverän erlebten Gewaltverzicht übergeleitet. Jugendliche erfahren, wie sie in provozierenden Situationen plötzlich cool bleiben und sowohl Körper als auch Geist beherrschen können.

Mittlerweile werden in der sozialpädagogischen Arbeit – vor allem der mit Jungen – gezielt Rauf- und Kampfspiele eingesetzt, um Männlichkeit und Fairness in regelgeleiteten Situationen zu vermitteln und dem Bedürfnis von Jungen nach Action, Abenteuer, Risiko und Wagnis, des Sich-Beweisens, Kämpfens und Siegens gerecht zu werden. Gewaltprävention bedeutet für Wolters, gerade den Jungen kämpferisches Spielen und spielerisches Kämpfen zu ermöglichen. Das spielerische

Ausleben ganz normaler kindlicher Gewaltimpulse hilft im Umgang mit Aggression. Eine Pädagogik, die Rangeln und Raufen verbietet, kann als kontraproduktiv gelten, da Gewaltimpulse vor allem dann gefährlich werden, wenn sie in ihrer Kontrolle ungeübt sind (Wolters 2003, 199).

Auch Mädchen und Frauen haben die Kampfkünste für sich entdeckt. Allerdings richten sich diese Interessen in der Regel auf Selbstverteidigung und Selbstbehauptung, um für Gefahrensituationen gerüstet zu sein.

Praxisprojekt

Kampfkünste werden in der Jugendarbeit unterschiedlich intensiv genutzt. Sie erstrecken sich von Selbstverteidigungskursen, die wochenweise angeboten werden, bis hin zu ausgefeilten Konzepten. Rüdiger Lenz hat ein Ich-Stärke-Training entwickelt, das über das DAU-Boxen (Deeskalation und Anti-Gewalt-Unterricht), eine Verbindung aus sozialpädagogisch-therapeutischen Einheiten und Kampfkunst, jugendliche Gewalttäter zu erreichen sucht (Lenz 2005).

Auch Jörg Wolters hat ein Konzept aus Elementen der konfrontativen Pädagogik und Budo entwickelt, das wir hier kurz vorstellen.

„Weiter ohne Gewalt (WOGE)“ – Ein sozialpädagogisches Trainingsprogramm gegen Aggressivität und Gewalt

„WOGE“ steht für „Weiter Ohne Gewalt“ und symbolisiert die „Springflut der Affekte“. „WOGE“ bedeutet auch, sich der Gewalt zu stellen – der eigenen und der der Anderen. Das Training basiert auf Theorie und Praxis der Budopädagogik und verbindet soziale Sporttherapie auf Grundlage traditioneller fernöstlicher Bewegungs-Kampfkünste des „Friedvollen Kriegers“ (Tai-Chi, Karatedo, Aikido sowie Meditation und Entspannung) mit verhaltens-

therapeutischen Ansätzen und konfrontativer Pädagogik. Adressaten sind gewaltbereite bzw. gewalttatige Kinder und Jugendliche. Das Training findet über einen Zeitraum von sechs Monaten zweimal wöchentlich statt. „WOGE“ hat sich in den Bereichen Jugendhilfe, Jugendkriminalrechtspflege, Jugendstrafvollzug und Jugendpsychiatrie im Hinblick auf den Abbau von Aggressivität und Gewaltbereitschaft sowie auf die Steigerung des Sozialverhaltens bei Kindern, Jugendlichen und jungen Erwachsenen bewährt (www.budopaedagogik.de/semsozp.html).

Dr. Jörg-Michael Wolters (Projektleitung)
Tilsiter Str.11
21680 Stade
Tel. und Fax: 04141/62657
E-Mail: info@budopaedagogik.de
Website: www.budopaedagogik.de

Evaluation und Effekte

Wolters hat bereits in den Anfängen seines speziellen Anti-Aggressivitäts-Trainings in Hameln zwischen 1989 und 1991 Evaluationen durchgeführt. Dazu wurde eine Gruppe von 15 Straftätern hinsichtlich der folgenden Frage untersucht: Kann Sporttherapie auf der Grundlage des traditionellen Karate-Do zu einem Abbau von Gewaltbereitschaft und Aggressivität beitragen? Neben qualitativen Interviews, in denen die Teilnehmenden das Training in seinen Wirkungen positiv beurteilten, wurden auch testpsychologische Verfahren im Pre-post-design eingesetzt. Die quantitative Evaluation ergab eine hoch signifikante Reduktion der spontanen und reaktiven Aggressivität, der Gehemmtheit und der körperlichen Beschwerden. Gestiegen war die soziale Orientierung. Wolters sieht somit die Effizienz seines Projektes als erwiesen an (Wolters 1991, 53 ff.).

Kuhn betont die Relevanz von Kampfkünsten für die primäre und sekundäre Gewaltprävention. Kampfkünste vermitteln Jugendlichen, Aggression als positive Lebensenergie zu begreifen und als solche einzusetzen (Kuhn 1994, 491). Selbst bei zeitlich begrenzter Perspektive von befristeten Angeboten können einige Ziele mit Jugendlichen erreicht werden: verbessertes Körpergefühl, höheres Selbstvertrauen, gesteigerte Selbstwahrnehmung und geringere Gewaltbereitschaft (ebd., 493).

Kritik

Von pädagogischer Seite gibt es Vorbehalte gegen den Einsatz von Kampfkunst in der Gewaltprävention. Hinterfragt wird, ob Jugendliche durch Kampfkünste nicht lernen, noch effektiver zuzuschlagen und Kommunikationsschwierigkeiten durch Stärke und Härte zu kompensieren. Ferner besteht die Gefahr, mit Kampfkunst ein hartes Menschen- und Männerbild zu propagieren und das Bild des unbesiegbaren Helden zu stabilisieren. Dies steht der Bemühung um die Emanzipation von überkommenen Rollenklischees entgegen (ebd., 489 ff.).

3.1.3 „Erziehung durch Sport" – Ein Trainingscamp für dissoziale Jugendliche

„Erziehung durch Sport" – das ist die leitende Maxime eines Trainingscamps in Deutschland von Lothar Kannenberg bei Fulda. Die Maßnahme richtet sich an orientierungslose 13- bis 18-jährige männliche Jugendliche, die mit sozialen Defiziten und entsprechenden Folgeerscheinungen wie Gewalt, Suchtmittelmissbrauch und Delinquenz aufgewachsen sind. Das Angebot richtet sich nicht an Schwerstbehinderte und Heroinabhängige. Das Gut Kragenhof kann 18 Jugendliche aufnehmen, eine Maßnahme dauert zwischen eineinhalb und sechs Monaten.

Die Unterbringung im Trainingscamp ist eine Leistung der Jugendhilfe und kann nach § 34 SGB VIII als Heimerziehung oder sonstige betreute Wohnform, nach § 35a SGB VIII als Eingliederungshilfe für seelisch behinderte Kinder und Jugendliche, nach § 41 SGB VIII als Hilfe für junge Volljährige oder nach § 71 Abs. 2 JGG (richterliche Anordnung einer einstweiligen Unterbringung in einem Heim) in Verbindung mit § 72 Abs. 4 JGG als Maßnahme gewährt werden.

Die Philosophie des Trainingscamps ist es, Jugendlichen Sport als ein Ventil für aufgestaute Emotionen anzubieten, einen klar durchstrukturierten Tagesablauf vorzugeben, verlässliche Beziehungen durch die Respekttrainerinnen und Respekttrainer zu gewährleisten und eine Atmosphäre von Liebe, Geborgenheit, aber auch Strenge und Konsequenz herzustellen. Die Jugendlichen sollen eine Orientierung erhalten, im Sport Grenzen und Erfolge erfahren und kooperative Verhaltensformen einüben.

Die methodische Vorgehensweise umfasst fünf Schwerpunkte. Der wichtigste und integrale Bestandteil des Trainings ist der Sport; neben Gymnastik, Krafttraining und Jogging absolvieren die Jungen ein Boxtraining. Sie treiben dreimal täglich Sport und beginnen damit morgens um 6:30 Uhr; ein Abendlauf um 21 Uhr beendet den Tag. Werden Gruppenregeln nicht eingehalten oder kommt einer der Teilnehmer zu spät, so wird die ganze Gruppe mit sportlichen Aktivitäten bestraft (Laufen, Kniebeugen etc).

Der Tagesablauf ist festgelegt und wird täglich ausgehängt. Einmal am Tag betätigen sich die Jugendlichen handwerklich, sie nehmen kleine Renovierungen vor oder gestalten mit Ton, Holz oder Metall. Da die meisten Campteilnehmer Schulprobleme bis hin zur völligen Verweigerung hatten, werden täglich Lerntrainings durchgeführt. Während ihres Aufenthalts im Camp sind die Jugendlichen vom normalen Unterricht befreit. Auch musische Erziehung wird angeboten; verschiedene Trommeln, ein Schlagzeug sowie ein Flügel stehen zur Verfügung. Jeden Abend werden Tagesberichte angefertigt sowie eine Reflexionsrunde durchgeführt.

Um die Rollen von „Täter" und „Opfer" aufzuweichen, stehen jeweils verschiedene Überlebenstrainings auf dem Programm. Während die „Täter" einen einwöchigen Marsch mit Gepäck durch die Wälder machen, absolvieren die „Opfer" ein Boxtraining, das ihnen Selbstbewusstsein und Mut vermitteln soll. Traumatisierte Jugendliche werden zunächst einzeln und dann in Kleingruppen trainiert. Die regelmäßigen Gespräche für diese Gruppe finden bei leichtem Joggen statt, um bei der Bewegung eine Entkrampfung und Öffnung zu erreichen.

Die Aufenthaltsdauer von sechs Monaten unterteilt sich in drei Phasen; diese sind durch unterschiedliche Inhalte und T-Shirts gekennzeichnet und den Modellen in amerikanischen Bootcamps ähnlich. Die Aufnahmephase mit weißen T-Shirts dient der Orientierung und dem Zusammenfinden der Gruppe. Die Jugendlichen unterliegen einer drei- bis sechswöchigen Kontaktsperre, um sich ganz auf sich und das Leben im Camp konzentrieren zu können. In der Identitätsphase mit hellblauen T-Shirts tritt die Auseinandersetzung mit der eigenen Vergangenheit in den Vordergrund. In der Ablösephase im fünften bis sechsten Monat mit dunkelblauen T-Shirts werden Perspektiven für die Zeit nach dem Camp entwickelt. Besuche in zukünftigen Einrichtungen und Auswertungsgespräche prägen diese Zeit.

Zwei Rituale begleiten das Training: das Grabritual, in dem die jungen Männer ihre Vergangenheit symbolisch durch Gegenstände zu Grabe tragen, sowie das Pflanzen eines Lebensbaumes auf dem Gelände des Gutes nach erfolgreichem Abschluss des Campaufenthalts.

Das gemischtgeschlechtliche Team um Lothar Kannenberg besteht aus Sozialpädagogen, Pädagogen, Mountainbike-Guides, Therapeuten, Lehrern und Handwerkern.

Bevorzugt werden Mitarbeiterinnen und Mitarbeiter mit biographischen Brüchen, wie sie Lothar Kannenberg selbst erlebt hat und wie sie bei den Jugendlichen vorherrschen, damit die „Respekttrainer" als Vorbild dienen können (Trainingscamp Lothar Kannenberg).

Effekte und Kritik

Das Trainingscamp ist in den Medien derzeit äußerst präsent. Über die Wirksamkeit liegen noch keine gesicherten Erkenntnisse vor. Laut Kannenberg haben sich bislang von 120 Jugendlichen 80 rehabilitiert; die anderen 40 befinden sich in Gefängnissen, Psychiatrien oder wieder auf der Straße (Link 2005).

Kritisch kann durchaus gefragt werden, ob nicht Parallelen zwischen amerikanischen Bootcamp-Programmen für Jugendliche und dem deutschen Trainingscamp bestehen. Mit den seit den neunziger Jahren in den USA eingerichteten „juvenile bootcamps" wurde die Hoffnung verbunden, Haftplätze und die damit verbundenen Kosten einzusparen, sowie geringere Rückfallquoten zu erwirken. Die breite Zustimmung, die die Bootcamp-Programme in der amerikanischen Politik und Öffentlichkeit finden, basiert im Wesentlichen auf der strukturellen Anlehnung dieser Programme an die militärischen Grundausbildungslager. Der Tagesablauf im bootcamp ist durch hohe körperliche Anforderungen geprägt. Die Programme haben eine Dauer von 90 bis 120 Tagen und sind in mehrere Phasen unterteilt, wobei mit fortschreitendem Programmverlauf zunehmende Vergünstigungen und ein vermehrter Anteil rehabilitierender Elemente verbunden sind. Die unterschiedlichen Phasen spiegeln sich in den Farben von Bekleidung und Kopfbedeckung wider (Gescher 2000, 22 ff.). Bootcamps funktionieren nach dem Vorbild militärischen Drills, indem man Jugendliche zunächst demütigt, um sie dann wieder aufzubauen. Über die Leidenszeit in einem solchem Camp berichtet ein 16-jähriger in dem neuen Roman von Morton Rhue, der auch den Bestseller „Die Welle" verfasst hat (Rhue 2006).

Problematisch erscheint auch, dass ein Großteil des Trainings auf dem Boxen beruht, das auf Sieg und Niederlage und den Knock-out des Gegners abzielt. Es bleibt zweifelhaft, ob sich dieser Sport eignet, um gewaltbereiten Jugendlichen den konstruktiven Umgang mit Aggressionen nahezubringen. Zudem stellt sich die Frage, wie nachhaltig die Maßnahme wirkt und ob den Jugendlichen gelingt, Anschluss an die Realität zu bekommen. Die Strukturen des Camps entsprechen nicht denen eines alltäglichen Lebens und sind mit der Jugendhilfe unzureichend vernetzt. Das Trainingscamp vermittelt den Touch einer isolierten Besserungsanstalt.

Trainingscamp Lothar Kannenberg
Gut Kragenhof
34355 Staufenberg
Tel.: 05543/303 0
Fax: 05543/303820
E-Mail: Info@lothar-kannenberg.de
Website: www.lothar-kannenberg.de

3.2 Erlebnispädagogische Angebote

Erlebnispädagogik beansprucht, „einen ganzheitlichen, alle Sinne ansprechenden und vom aktiven Handeln der Lernenden getragenen Lernprozess zu inszenieren" (Sommerfeld 2001, 394). Sie richtet sich an alle Kinder, Jugendliche und Erwachsene und an keine spezielle Zielgruppe.

Unter einem „Erlebnis" wird im Sinne der Erlebnispädagogik verstanden, wenn Situationen, Ereignisse oder Begegnungen als individuell bedeutsam angesehen werden und sich als positive oder negative Erinnerung über längere Zeit im Gedächtnis einprägen. Sie verbinden sich mit Emotionen: Etwas berührt, beschäftigt oder ergreift den Menschen. Erlebnisse sind individuumsbezogen; was den einen Menschen bewegt, rührt den anderen nicht oder nur wenig. Erlebnispädagogische Aktionen zielen auf Unbekanntes und Ungewohntes, Zufälliges und Unvorhergesehenes, Ungewisses und Unheimliches. Jugendliche können neue Erlebniserfahrungen machen, indem sie eine neue Umgebung entdecken, den experimentellen Umgang mit der eigenen Person zulassen, die eigene Leistungsfähigkeit erkennen, ungewöhnlich Räume überwinden und ihre Orientierungs- und Reaktionsfähigkeit erproben (DBJR 2000, 35 ff.).

In abenteuerlichen Situationen erleben Jugendliche ihre eigene Leistungsfähigkeit und die Wirkungen ihres Handelns unmittelbar.

Erlebnispädagogische Aktionen setzen sich aus drei Merkmalen zusammen:

1. prägendes Erlebnis (Natur-, Gruppen-, Ich-Erlebnis)
2. soziales Lernen (Lernen aus der Erfahrung und Lernen aus dem Gruppenprozess)
3. Transfer (Bezug zur Back-home-Situation)

(ebd., 40).

Dem Transfer kommt eine hohe Bedeutung zu. Erlebnispädagogische Aktion heißt nicht, ein Erlebnis an das andere zu reihen, sondern nach jeder Aktion zurückzukommen, um den Prozess zu reflektieren. Erst im Rückblick und dem Transfer auf den Alltag (wie habe ich mich in dieser Situation verhalten, wie wirkte ich in der Gruppe etc.) können Lernerfahrungen generalisiert und verhaltensändernd genutzt werden. Komplexe Alltagssituationen können in der Erlebnispädagogik in überschaubaren Situationen vereinfacht zur Geltung kommen. Die Auseinandersetzung mit einzelnen Problemaspekten bricht eingeschliffene Verhaltensmuster auf und erprobt neue Bewältigungsstrategien. Diesen Lernprozess muss der Leiter durch die intensive Reflexion der Aufgaben sicherstellen.

Die Ziele der Erlebnispädagogik sind weitreichend; welche Schwerpunkte dabei gesetzt werden, hängt von der Maßnahme, der Zielgruppe, dem Handlungsrahmen und der Fachkompetenz der Leiter ab. Generell wird die Entwicklung der Persönlichkeit gefördert, insbesondere in den Bereichen Selbstvertrauen, Eigeninitiative, Selbständigkeit, Entscheidungsfähigkeit, Selbstverantwortung und dem Erkennen persönlicher Grenzen und Ressourcen. Im Bereich der sozialen Kompetenzen werden besonders Teamarbeit, Rücksichtnahme, Kommunikationsfähigkeit, Mitgefühl, Hilfsbereitschaft und Konfliktbewältigung gefördert. Der Lernort Natur erweitert zusätzlich das Verständnis für ökologische Zusammenhänge und Wirkungsweisen (ebd., 51 f.).

Krug (2001) sieht die Bedeutung erlebnispädagogischer Angebote in der Herausforderung, alternative, reife Verhaltensweisen und positive Persönlichkeitseigenschaften zu entwickeln. Sie erlauben Kindern und Jugendlichen Fähigkeiten einzusetzen, die im alltäglichen Zusammenleben und in der Schule in dieser Weise wenig gefragt sind (ebd., 22).

Die Erlebnispädagogik steht im Schnittpunkt verschiedener Wissenschaften, der Sozialwissenschaften, Psychologie, Soziologie und Pädagogik. Eine einheitliche Definition liegt bisher nicht vor (Bieligk 2005, 32).

Die Theorie der Erlebnispädagogik speist sich aus Quellen, die von Autoren unterschiedlich gewichtet werden. Heckmair und Michl (1998) sehen die Erlebnispädagogik in Jean-Jacques Rousseau, den amerikanischen Philosophen und Pädagogen Henry David Thoreau und John Dewey und vor allem Kurt Hahn begründet.

Kurt Hahn (1886-1974) gilt mit der Entwicklung seiner Erlebnistherapie als „Urvater der deutschen Erlebnispädagogik". Bereits um 1930 hatte die Erlebnispädagogik in Deutschland ihren ersten Höhepunkt und wurde in der Reformpädagogik zu einem wichtigen Bestandteil des Unterrichtsverständnisses.

Hahn war kein studierter Pädagoge, beeinflusste Teilbereiche der Pädagogik jedoch entscheidend. Er wandte sich gegen die von ihm diagnostizierten „Verfallserscheinungen" seiner Zeit: Mangel an menschlicher Teilnahme, Verfall körperlicher Tauglichkeit, Mangel an Initiative sowie Spontaneität und Sorgsamkeit. Hahn setzte den Erscheinungen vier Elemente seiner Erlebnistherapie entgegen:

1. Das körperliche Training: in erster Linie leichtathletische Übungen sowie Natursportarten
2. Die Expedition: eine mehrtägige Tour
3. Das Projekt: eine handwerklich-technische bzw. künstlerische Aktion
4. Der Dienst: Rettungsdienste in den Bergen und an der See.

In Seminaren für Jugendliche verband er diese Elemente und gründete die erste Bildungsstätte mit dem Namen „Outward Bound", in der ausschließlich kurzzeitpädagogische Kurse durchgeführt wurden. Die Wirksamkeit der Erlebnistherapie hängt nach Hahn wesentlich von der Erlebnisqualität der Aktionen ab (ebd., 3 ff.).

Die Erlebnispädagogik entfaltete sich über die Jahrzehnte in drei wesentlichen Modellen:

(1) „The Mountains Speak for Themselves"-Modell
Das Modell basiert auf der Vorstellung, dass Teilnehmer eines erlebnispädagogischen Kurses in der Natur ein Erlebnis haben, das für sich selbst wirkt. Es beinhaltet keine Reflexion zur Aufarbeitung des Erlebten. Im Vordergrund stehen die Unternehmung und der Spaß.

(2) „Outward Bound Plus"-Modell
Dieses Modell erweitert „The Mountain Speaks for Themselves" um die Reflexion. Das Erlebte allein gewährleistet noch keinen Transfer in den Alltag, sondern zeigt erst dann nachhaltige Wirkung, wenn es durch eine strukturierte Diskussion reflektiert wird.

(3) Metaphorisches Modell
Im Metaphorischen Modell schließlich geht es um eine möglichst exakte Abstimmung der erlebnispädagogischen Aktivitäten auf Lebenswelt und Ziele der Teilnehmer. Isomorphe Erlebnisse, so die Theorie, haben die größte Aussicht, das Verhalten der Teilnehmer zu verändern und somit pädagogisch wirksam zu werden. Aktivitäten werden mit bestimmten Metaphern (Symbolen und Bildern) beschrieben, um so auch unbewusste Ebenen anzusprechen und den Transfer in den Alltag zu erleichtern. Das Metaphorische Modells erweitert die Anwendung von Erlebnispädagogik auf Indoor-Aktionen und kann im Klassenzimmer oder Büro seine Umsetzung finden (Bieligk 2005, 42 ff.).

Die Erlebnispädagogik wird im Allgemeinen als eine Methode der außerschulischen Pädagogik verstanden, die sich in unterschiedlichen Bereichen anwenden lässt: der Bildungsarbeit, der offenen Jugendarbeit, der Hilfen zur Erziehung, besonders der Heimerziehung und in intensivpädagogischen Einzelmaßnahmen, in der Arbeit mit Auszubildenden, der Prävention und auch Therapie (Heckmair/Michl 1998, 152).

Oftmals wird die Erlebnispädagogik auf die reinen Outdoor-Maßnahmen verkürzt, auf Survival- Aktionen und Natursportarten, die zwar einen großen Teil der Veranstaltungen ausmachen, aber keinesfalls das ganze Spektrum der Erlebnispädagogik umfassen. Zur Erlebnispädagogik zählen auch kulturelle, künstlerisch-ästhetische, technische, handwerkliche und musische Aktivitäten.

Die Erlebnispädagogik wird in vielen Bereichen der Konfliktbewältigung angewandt. Einerseits ist sie ein Instrumentarium, um Gruppen schnell und intensiv zusammenzubringen, andererseits wirkt sie auch für sich, indem sie Jugendliche fernab ihres Alltags in schwierige Situationen, Dilemmata und Konflikte bringt, die sie unmittelbar bewältigen oder lösen müssen. Ein Vermeiden oder Verweigern ist in der Regel nicht möglich.

3.2.1 Outward Bound und City Bound

Natursportarten bilden das traditionelle Medium des Outward Bound. Zu nennen sind vor allem (Berg-)Wandern, Klettern und Abseilen, Rafting, Kajakfahren, Skitouren, Höhlenerkundungen und Kuttersegeln (ebd., 151 ff.). Im Vordergrund stehen dabei immer der Lernprozess und nicht das Erlernen der jeweiligen Natursportart. Zu den erlebnispädagogischen Aktivitäten zählen auch Initiativ- und Problemlöseaufgaben und das so genannte City Bound. Das ist die urbane Variante der

Erlebnispädagogik und nutzt die Stadt als Handlungsfeld und Spielraum. Die Aktionen fordern heraus, den sozialräumlichen Kontext, in dem sich Menschen bewegen, genauer und anders zu betrachten als üblich und mit Körperkraft in der Stadt unterwegs zu sein. So können Kanutouren durch die Kanäle einer Großstadt, lange Wanderungen mit verschiedenen Aufgabenstellungen oder Mithilfe in sozialen Brennpunkten Teil dieser Aktionen sein (ebd., 176 ff.).

Zumeist dient bei den erlebnispädagogischen Ansätzen die natürliche Umgebung als Lernort. Allerdings können Lernorte auch – in Anlehnung an die Herausforderungen in der freien Natur – konstruiert werden. Ein bekanntes und aktuell populäres Praxiselement aus dem Bereich der Outdoor-Aktivitäten ist der Seilgarten (Ropes Course). Hochseilgärten werden aus Pfählen oder Bäumen aufgebaut, die als Haltekonstruktionen für Seile, Stämme und Bohlen dienen.

Ropes Courses haben vor allem in den USA eine lange Tradition. Niedrige Elemente in Absprunghöhe und hohe Elemente mit bis zu 20 Metern Höhe, bei denen mit Kletterausrüstungen gesichert werden muss, bieten eine Vielzahl von Lern- und Trainingssituationen für Teams und Einzelne. Jedes Element eines Hochseilgartens ist so gebaut, dass es sich für bestimmte Aufgaben oder Übungen eignet; den Grad der persönlichen Herausforderung bestimmt die teilnehmende Person selbst. Jede Aufgabe kann den individuellen Möglichkeiten der Teilnehmenden angepasst werden. Niedrige Elemente fordern nicht durch Action, sondern durch die Komplexität der Aufgaben die Kommunikations- und Kooperationsfähigkeit der Gruppe. Die hohen Elemente bringen Teilnehmende an ihre psychischen und physischen Grenzen (DBJR 2000, 12 f.).

In den letzten Jahren sind etliche Hochseilgärten in Deutschland entstanden. Das Spektrum der Angebote reicht vom reinen Sportklettern bis zu Teamschulung und gewaltpräventiven Angeboten.

Praxisbeispiele

Outward Bound – erlebnispädagogische Seminare für Jugendliche

Outward Bound existiert seit 1941 und ist eine der ältesten Einrichtungen, die sich auf Kurt Hahn beziehen. Mit Standorten in den Alpen, der Mecklenburgischen Seenplatte, dem Erzgebirge und der Ostsee bietet der Verein Seminare für Jugendliche, für Führungskräfte und Mitarbeiter sozialer Einrichtungen.

Die Angebote können aus den Bereichen Felsen und Berge, Wald und Wiese, Wasser und überall (Problemlöseaufgaben, CityBound etc.) gewählt werden. Die einwöchigen Schülerseminare verbinden Gruppenaufgaben und Klettern mit einer mehrtägigen Outdoor-Aktion wie Bergwandern, Kajak oder Floßfahrt zu einer Selbstversorgerhütte. Jeden Abend steht die Reflexion des Tages und der Gruppenkohäsion im Mittelpunkt. Für Schulabgänger gibt es spezielle Kurse über sechs Monate, die der Berufsorientierung dienen. Kurse für Auszubildende sind häufig in die betriebliche Ausbildung integriert.

Outward Bound
Deutsche Gesellschaft für Europäische Erziehung e.V.
Berghausstr. 1
87645 Schwangau
Tel.: 08362/9822-0
Fax: 0832/9822-22
E-Mail: info@outwardbound.de
Website: outwardbound.de

Taunatours GmbH – Hochseilgarten

Die Taunatours GmbH arbeitet in erster Linie mit künstlichen Arrangements und unterhält im Taunus einen Ropes course sowohl indoor als auch outdoor und eine Kletterwand. Sie bietet Firmen, Vereinen und Schulklassen Programme von unterschiedlicher Dauer. Verschiedene Problemlöseaufgaben wie das „Spinnennetz“, bei dem sich eine Gruppe gegenseitig durch ein Netz aus Seilen hilft, fördern Kommunikation und Teambildung. Auch Orientierungswanderungen mit Kompass befinden sich im Angebot. Die Reflexionen der Aktion stehen weniger im Mittelpunkt als die Aktion und der Spaß selbst; Taunatours bietet ihre schulklassenspezifischen Angebote zudem unter dem Fokus Gewalt- und Suchtprävention an. Um die gemachten Erfahrungen aber tatsächlich im Sinne einer Prävention für den Alltag nutzbar zu machen, müsste das Maß an Reflexion erhöht werden.

Neue Taunatours GmbH
Königsteiner Str. 13
61389 Schmitten-Oberreifenberg
Tel.: 06082/9241-0
E-Mail: info@tauna-tours.de
Website: www.tauna-tours.de

3.2.2 Adventure Based Counseling (ABC)

Adventure Based Counseling bezeichnet ein handlungs- und erfahrungsorientiertes Lernkonzept, das in den 70er Jahren in den USA von Project Adventure entwickelt wurde und seit mehr als 30 Jahren in unterschiedlichen schulischen, sozialpädagogischen, beraterischen und therapeutischen Kontexten erfolgreich angewendet wird. In Deutschland wurde das ABC besonders durch den bsj e.V. (Verein zur Förderung bewegungs- und sportorientierter Jugendsozialarbeit) in Marburg und die ALEA GmbH (Anders Lernen durch Erfahrung und Abenteuer) bekannt.

Das Konzept zielt darauf ab, mit wohnortnahen, mobilen und effektiven Methoden die Wirkungen der klassischen erlebnis- und abenteuerpädagogischen Praxis zu erzielen. Verschiedenartige Aktivitäten sollen die schnelle Entwicklung von Gruppenprozessen fördern und unterstützen sowie durch die unmittelbare Reflexion und Verarbeitung eine realistische Einschätzung der eigenen Rolle und Verhaltensweise ermöglichen. Auf diese Weise eröffnen sich Chancen zur persönlichen Entwicklung und Veränderung (Eckern/Lindner 1997, 115). Soziale Kompetenzen wie Kommunikations- und Kooperationsfähigkeit, Empathie, Verantwortungsbewusstsein, Planungsfähigkeit und Selbstreflexion werden trainiert und gestärkt. ABC zielt auf eine Auseinandersetzung mit persönlichen Grenzen und starken Gefühlen wie Aggression und Angst, es fördert das Vertrauen in eigene Fähigkeiten.

Das methodische Arrangement der Kurse hat einerseits den Charakter einer Laborwerkstatt, in der die spielerische Auseinandersetzung mit Herausforderungen möglich und das Fehlermachen und Experimentieren erlaubt ist. Andererseits sind die Teilnehmer aber real mit der Gruppe konfrontiert, die nur durch soziale Interaktionen die Aufgaben lösen kann. Durch dieses doppelte Potenzial wird geschütztes Lernen in praxisnahen Bezügen möglich (ABC 2005, 1).

Die Abkürzung ABC bezeichnet auch die triadische Beziehung von Affect, Behavior und Cognition, die den ganzheitlichen Lernprozess des Konzeptes deutlich macht. Seine theoretischen Bezüge findet das Konzept in der Theorie des „Experiental Learning" des amerikanischen Erziehungwissenschaftlers Dewey. Das Handeln und das darauf Zurückblicken bilden für Dewey die zentralen Kategorien in der Erziehung. Nur durch das Zurückschauen wird Handeln zur Erfahrung und kann Auswirkungen auf die Persönlichkeitsentwicklung haben (Eckern/Lindner

1997, 116). Project Adventure hat auf dieser Basis für das ABC ein zyklisches Reflexionsmodell entwickelt, das allen Aktivitäten zugrunde liegt:

1. Aktion und konkretes Handeln
2. Zurückschauen: Was ist passiert?
3. Analyse und Interpretation der eigenen Rolle: Was bedeutet das? Wie habt ihr euch gefühlt?
4. Herausfinden und Festlegen alternativer Verhaltensweisen: Was nun? Wie kann man mit alternativen Verhaltensweisen effektiver handeln? Wie kann man soziale Kompetenzen künftig besser einsetzen? Wie kann ein Transfer in den Alltag aussehen? Wo verhält man sich evtl. entsprechend?
5. Erneutes Handeln

(ebd., 117 f.)

Zu den Bestandteilen des ABC-Konzeptes gehören zwei ethische Grundprinzipien, zum einen die Werte- und Zielvereinbarungen, um eine Basis für das gemeinsame Arbeiten in der Gruppe zu schaffen, zum anderen das Prinzip der freigewählten Herausforderung (Challenge by choice). Die Teilnehmer haben bei allen Aktionen die Möglichkeit, den Grad des Sich-Einlassens selbst zu bestimmen, was aber nicht bedeutet, dass Teilnehmer sich gänzlich aus den Aktionen herausziehen, sondern beispielsweise Sicherungsaufgaben übernehmen, wenn sie sich an den konkreten Aktionen nicht beteiligen wollen.

Die Praxiselemente des ABC haben eine große Variationsbreite. Vertrauensbildende Aktivitäten sollen die Gruppenatmosphäre intensivieren, damit gute Zusammenarbeit und gegenseitige Unterstützung in herausfordernden Situationen möglich werden.

Problemlösungsaufgaben machen die Anwendung kooperativer und kommunikativer Kompetenzen notwendig. Die Aufgaben, Regeln und Hilfsmittel sind stark eingegrenzt. So werden überschaubare Problemlösestrategien entwickelt, um sie später auf komplexe Situationen übertragen zu können.

Kletter- und Balanciersituationen bieten dem Einzelnen – durch die anderen Teilnehmer gesichert – die Chance, persönliche Grenzen zu erweitern, sein Ich zu stärken und die eigenen Belastungsgrenzen realistisch einzuschätzen.

(Fun-)Games begleiten das Programm und haben die Funktion, eine unverkrampfte und förderliche Lernatmosphäre herzustellen.

Besonders die Problemlöseaufgaben sind so gestellt, dass sie nur erfüllt werden können, wenn die Gruppenmitglieder zusammenarbeiten. Das erfordert gemeinsam über Lösungen nachzudenken, sich zuzuhören, sich zurückzunehmen und den Lösungsprozess beispielsweise durch Ausstieg nicht zu gefährden.

Bei der Aktivität „Mauer" muss eine Gruppe zum Beispiel eine drei Meter hohe Mauer überwinden. Die Aufgabe ist erst dann gelöst, wenn alle Gruppenmitglieder auf der anderen Seite angekommen sind (Dithmar u.a. 2003, 13).

ABC eignet sich nicht zur Lösung von Konflikten, aber zur Analyse von Verhalten in Konfliktkonstellationen. Die komplexen Gruppenaufgaben führen zu spannungsgeladenen Situationen, die individuelle Umgangsweisen mit Konflikten sowie unterschiedliche Meinungen und Belastungen hervorbringen. Durch die fortlaufende Reflexion können Entwicklungsschritte im Umgang mit Konflikten angestoßen und in nachfolgenden Aufgaben eingeübt werden.

Praxisbeispiel

Lebensweltbezogene Schulsozialarbeit: Klassenfindungstage des bsj Marburg

Das ABC-Modell ist im deutschen Raum besonders durch den bsj in Marburg bekanntgeworden. Der bsj Marburg existiert seit 1986. Als anerkannter freier Träger der Jugendhilfe versucht der bsj, Körper und Bewegung zum Ausgangspunkt und zum Medium seiner sozialen Arbeit zu machen. In der Projektpraxis richten sich die Angebote des bsj im Freizeit-, Schul- und Berufsbildungsbereich vor allem an sozial benachteiligte weibliche und männliche Kinder und Jugendliche. Abenteuer-, körper- und bewegungsbezogene Aktivitäten spielen in den Arbeitsansätzen des bsj eine zentrale Rolle. Daneben trägt der Verein mit einer Vielzahl an Fachpublikationen zur Theoriebildung in der Erlebnispädagogik bei. Im Auftrag des Bundesjugendministeriums organisiert der bsj seit 1992 regelmäßig die Bundesweite Fachtagung zur Erlebnispädagogik. Neben seinen Jugendhilfeprojekten hat der Verein seit 1992 drei erlebnispädagogische Zentren in Hessen und Mecklenburg-Vorpommern aufgebaut. Diese bieten individuell zugeschnittene abenteuer- und erfahrungsorientierte Veranstaltungen in den Bereichen Fels, Wasser, Wald und Seilgarten für Schulklassen, Gruppen aus der offenen Jugendarbeit, soziale Trainingskurse, integrative Gruppen, Teams von Mitarbeiterinnen und Mitarbeitern aus der Schule und Jugendhilfe, Vereine und Jugendinitiativen an (bsj).

Ein konkretes Beispiel für ein auf dem ABC-Konzept basierenden Programm des bsj sind die Klassenfindungstage (KFT), die von zahlreichen Schulen in und um Marburg angenommen werden. In meist zweieinhalbtägigen außerschulisch durchgeführten Programmen, sollen die Gemeinschaft in den Eingangsklassen entwickelt sowie Formen des Miteinanderumgehens und des sich gegenseitig Respektierens erlernt werden. Weitere Ziele sind die

Steigerung des Selbstkonzepts, die Verbesserung der Kooperation und die Auseinandersetzung mit der natürlichen Umwelt. Während des Programms werden die Schüler und Schülerinnen über Aufwärm- und Kennenlernaktivitäten sowie Vertrauens- und Problemlösungsübungen langsam an Elemente herangeführt, die für den Einzelnen eine große Herausforderung darstellen und den Umgang mit starken Gefühlen erfordern (Dithmar u.a. 2006).

Verein zur Förderung bewegungs- und sportorientierter Jugendsozialarbeit e.V. (bsj Marburg)
Biegenstr. 40
35037 Marburg
Tel.: 0642/ 68533-0
Fax: 06421/68533-22
E-Mail: kontakt@bsj-marburg.de
Website: www.bsj-marburg.de

3.2.3 Erlebnispädagogik in den „Hilfen zur Erziehung"

Neben ihrer Bedeutung als Gestaltungselement im Erziehungsalltag spielen erlebnispädagogische Projekte vor allem als Krisenintervention und gelegentlich auch als „letzte Chance" eine wichtige Rolle in den „Hilfen zur Erziehung" (§ 35 SGB VIII[7]). Die Angebote richten sich vor allem an Jugendliche mit starken sozialen Defiziten, hoher Delinquenz und dissozialen Verhaltensweisen, die mit den üblichen pädagogischen Mitteln nicht mehr erreichbar sind. Wenn über Gespräche und reine Reflexion keine Lernprozesse in Gang gesetzt werden können, bietet der handlungsorientierte Ansatz der Erlebnispädagogik noch einen Zugang zu Jugendlichen, um fehlende Beziehungserfahrungen nachzuholen, zu intensivieren oder zu ergänzen.

---

7 Siehe Gesetzestext in Kapitel IV.

Es gibt momentan drei Formen von intensivpädagogischen Projekten: Stand-, Reise- und Schiffsprojekte. Standprojekte sind vorwiegend Betreuungsarrangements, bei denen Jugendliche vorübergehend im Inland in Außenstellen einheimischer Träger oder bei Deutschen im Ausland leben bzw. in Projektfamilien vermittelt werden. In der Regel werden die Jugendlichen in sehr ländlich abgeschiedenen Gegenden untergebracht und in Landwirtschaft und Tierpflege miteinbezogen. Reiseprojekte zielen darauf ab, unterwegs in unbekannten Gegenden und Situationen neue Erfahrungen zu machen und Handlungsmöglichkeiten zu entwickeln. Schiffsprojekte nutzen die klaren Regelmechanismen des Schiffsalltags, um die Notwendigkeit und Erfahrung des Zusammenwirkens in einer Gruppe zu vermitteln und Vertrauen erleben und erproben zu können.

Nach Aussage der Jugendämter ist die Durchführung von Maßnahmen der Intensiven Sozialpädagogischen Einzelbetreuung (ISE) im Ausland im Rahmen des Hilfeplanverfahrens insgesamt eher rückläufig (Klawe 2005, 7 ff.).

Praxisprojekt

Projekt Pilger: Intensive sozialpädagogische Einzelbetreuung in Kirgisien

Die evangelischen Jugendheime Heidenheim führen intensive sozialpädagogische Einzelbetreuungen in Kirgisien durch. Die Einzelmaßnahme dauert mindestens ein Jahr und richtet sich an Jugendliche, die auf Grund ihrer Lebensumstände und deren belastender psychosozialer Faktoren besonders destruktive, abweichende Verhaltensweisen entwickelt haben, sich anderen Interventionsbemühungen der Erziehungshilfe entziehen, jedoch einer Neuorientierung bedürfen. Die Jugendlichen leben einzeln in ausgesuchten, pädagogisch ausgebildeten Familien in kleinen Dörfern oder Bergschluchten. Das Leben der Bevölkerung in den Dörfern ist sehr einfach und die Konsumorientierung entsprechend begrenzt. Die Achtung vor dem anderen sowie kooperatives Denken und Handeln bestimmen das Miteinander. Die unbekannte Umgebung, eine grundlegend andere Lebenseinstellung sowie fehlende Landes- und Sprachkenntnisse seitens der Jugendlichen bilden die Rahmenbedingungen für das Zusammenleben und -arbeiten mit den Betreuern und bieten kaum die Möglichkeit zur Flucht oder Distanzierung. Durch die große Umstellung sollen die Jugendlichen zum Nachdenken angeregt werden. Begleitende erlebnispädagogische Aktivitäten wie Expeditionen zu Berghöhlen und Wildwasserfahrten verstärken die Erfahrung von Selbstwirksamkeit.

Weitere Informationen unter:
www.jugendheime.de

Effekte

Teilweise werden missglückte Auslandsmaßnahmen mit schwierigen Jugendlichen dafür verantwortlich gemacht, die Erlebnispädagogik in Verruf zu bringen. Erlebnispädagogische Arbeit beschränkt sich nicht auf die spektakuläre Arbeit in Auslandsprojekten bzw. die 1:1-betreuten Maßnahmen im Inland. Sie kann die Ausbildung gravierender Störungsbilder verhindern und erfüllt somit neben ihrer entwicklungsfördernden Wirkung eine wichtige präventive Funktion (Krug 2001, 22 ff.). Es gibt nur wenige Methoden, die in kurzer Zeit derart intensive Lernerfahrungen ermöglichen. Sicherlich liegen die Chancen der Erlebnispädagogik in einer ausführlichen und strukturierten Reflexion der Aktionen, wenn man nicht nur Sensationssport und „events“, sondern Persönlichkeitsveränderungen im Auge hat. Besonders für die Phase der Gruppenfindung nutzen viele Träger auch im Rahmen anderer Trainingsformen (AAT, STK etc.) erlebnispädagogische Angebote.

Kritik

Im Rahmen der Hilfsangebote nach § 35 SGB VIII wird die Erlebnispädagogik vielfältig und kontrovers diskutiert. Kritisiert wird in der Regel der enorme personelle und finanzielle Aufwand im Vergleich zu den messbaren Effekten. Nach einer Statistik aus dem Jahre 2003 wurden 3,8% aller Jugendhilfemaßnahmen als Intensivpädagogische Sozialpädagogische Einzelmaßnahme durchgeführt, wovon wiederum nur ein kleiner Teil im Ausland stattfand. Die Diskussion entzündet sich somit an einem Randbereich aller Jugendhilfemaßnahmen (Klawe 2005, 8). Intensivpädagogische Maßnahmen im Ausland können scheitern, so dass der gewünschte Erfolg ausbleibt. Für junge Menschen, die bereits vorangegangene wirkungslose Hilfen im Inland erhalten haben, bieten im Ausland durchgeführte Maßnahmen eine erweiterte Möglichkeit zur gesellschaftlichen Eingliederung (www.agj.de). Das Scheitern von Auslandsmaßnahmen ist zumeist auf mangelnde Hilfeplanung im Vorfeld sowie auf fehlende Überprüfung und Kontrolle der durchführenden Träger zurückzuführen.

Auch das Ansehen der kurzzeitpädagogischen Maßnahmen leidet in der Regel nur unter einer schlechten Anleitung; denn nicht jede Wanderung bei schlechter Witterung ist schon Erlebnispädagogik, wirklich erlebnispädagogische Aktionen bedürfen einer fundierten Leitung.

4. Training sozialer Kompetenzen

Vielen Jugendlichen fehlen heute wichtige soziale Kompetenzen, dies bemängeln Lehrer, Erzieher und Betriebe. Die Primärsozialisation im Elternhaus weist Defizite auf. Demokratisches Grundverständnis, soziale Konfliktfähigkeit und Regeln für ein faires Miteinander müssen einem Teil der Kinder und Jugendlichen erst nachträglich vermittelt werden. Staatliche Instanzen wie Schulen, Kindertagesstätten und Jugendhäuser kommen nicht umhin, den erweiterten Auftrag, Kinder und Jugendliche quasi „nachzuqualifizieren“, in Angriff zu nehmen. Am auffälligsten werden die sozialen Defizite, wenn es zu gewalttätigen Ausschreitungen kommt. Während Schule soziales Kompetenztraining im präventiven Bereich für alle Schüler durchführt, setzt die Jugendhilfe mit ihren Trainingsangeboten erst ein, wenn Jugendliche auffällig oder bereits delinquent geworden sind.

Das Freiwillige Soziale Trainingsjahr wurde als Modellprojekt für Jugendliche aus sozialen Brennpunkten entwickelt. In einem Trainingsjahr sollen diese Jugendlichen durch Beschäftigungsmaßnahmen qualifiziert und ins Berufsleben integriert werden. Neben gemeinnützigen Tätigkeiten erhalten sie Bewerbungstrainings und sozialpädagogische Förderung. Die Projektlaufzeit war 2004 zu Ende, einzelne Projektstandorte führen aber Anschlussmaßnahmen weiter (www.fstj.de).

4.1 Trainingsprogramme für Schulen

Schule entwickelt sich in den letzten Jahren zu einem der wichtigsten Orte der Gewaltprävention. Dies resultiert zum Teil aus der – gesellschaftlich wahrgenommenen – steigenden Gewalt an Schulen, die sich offenbar qualitativ, aber nicht signifikant quantitativ verändert hat. Lehrer sehen sich mit einigen schwierigen Jugendlichen konfrontiert, deren Taten von verbalen Attacken über Vandalismus bis hin zu Schutzgelderpressung und Raub reichen. Oft fehlt ein Instrumentarium, das über die normalen Ordnungsmaßnahmen hinaus geht und vor allem auch greift. Schule gerät also unter Druck, präventiv tätig zu werden und ist gleichzeitig ein Ort, an dem Jugendliche für Trainingsprogramme in der ganzen Breite erreichbar sind. Ohne stigmatisierend zu wirken, können hier alle Gruppen von Kindern und Jugendlichen angesprochen werden: Täter, Opfer und Unbeteiligte. Eine Chance liegt auch in der Möglichkeit, längerfristige Konzepte im Schulalltag zu implementieren und die üblichen Einzelaktionen in Form von Projekttagen zum Thema Gewalt effektiv abzulösen.

Ein frühzeitiger Beginn in Grundschule oder schon im Kindergarten soll späteren Verhaltensauffälligkeiten und gewalttätigen Ausschreitungen vorbeugen.

Die meisten der Trainings richten sich am System Schule aus und bieten Konzepte analog zum Unterrichtsverlauf. Feststehende Curricula sind in die Stundentafel integrierbar und für Lehrer und Lehrerinnen durch Materialsammlungen und Kopiervorlagen leicht umsetzbar. Die integrativen Konzepte fordern zunehmend die Lehrerschaft als Hauptakteure ein und ersetzen das Modell des externen Sozialarbeiters, auf den die Bearbeitung problematischer Themen delegiert wird.

Die Programme unterscheiden sich im Fokus. Einige sind explizit auf die Gewaltprävention ausgerichtet, wie „FAUSTLOS" oder „Eigenständig werden" (www.ift-nord.de); andere sind unspezifisch oder orientieren sich eher an der Gesundheitsvorsorge. Sie ergänzen die in allen Verfahren eingesetzten Einheiten zur sozialen Kompetenzentwicklung um die Thematik Sucht, wie „Erwachsen Werden" von Lions Quest oder „Klasse 2000" (www.ift-nord.de). Auch die unspezifischen enthalten die für den Alltag nötigen Themenblöcke zur besseren Regulierung von Konflikten.

Olweus (2002) konzipierte in Norwegen ein umfassendes lerntheoretisches Schulprogramm zur Bekämpfung von Mobbing. Das gemeinsame Erstellen von Klassen- und Schulregeln zur Verbesserung des generellen Umgangs der Schüler untereinander steht bei ihm im Mittelpunkt. Je nach Bundesland sind die Konzepte unterschiedlich verbreitet. Es gibt jedoch kaum noch Schulen, die keine Angebote zum Sozialen Lernen in den Unterricht integrieren.

4.1.1 FAUSTLOS – Gewaltprävention durch Förderung sozialer und emotionaler Kompetenzen in der Grundschule

Das Trainingsprogramm FAUSTLOS setzt emotional und kognitiv an und versucht, Kindern friedliche Lösungsmöglichkeiten in Konfliktsituationen zu veranschaulichen. Es wird deutschlandweit eingesetzt. Seinen Ursprung hat FAUSTLOS in den USA. Es ist die deutschsprachige Version des vom Commitee for Children in Seattle entwickelten Curriculums „Second Step" (Beland 1988). Second Step basiert auf den Forschungsergebnissen amerikanischer Sozialwissenschaftler, die feststellten, dass aggressive Kinder Defizite in der Empathiefähigkeit, der Impulskontrolle und im Umgang mit Ärger und Wut haben.

Abgeleitet von den Erkenntnissen der Untersuchungen setzen Second Step bzw. FAUSTLOS an diesen Schlüsselkompetenzen an, vermitteln alters- und entwicklungsadäquate prosoziale Kenntnisse und Fähigkeiten und versuchen somit gewalttätigem Verhalten entgegenzuwirken (Schick 2004, 25). Das Konzept gründet sich auf entwicklungspsychologischen Theorien, die die spezielle moralische Entwicklung von Kindern berücksichtigen.

Zielgruppe sind Kindergarten- und Grundschulkinder bis Klasse 3. Das Konzept ist in ein Curriculum eingebettet, das in wöchentlichen (Schul-)Stunden mit den Kindern erarbeitet wird. Momentan existiert ein Lehrplan mit 51 Lektionen für den Grundschul- (Klasse 1-3) und eines mit 28 Lektionen für den Kindergartenbereich. Ein Konzept für die Sekundarstufe ist in der Entwicklung. Ein zentraler Aspekt ist die Vermittlung der Inhalte durch den Klassenlehrer, diese sollen den weiteren Transfer über die FAUSTLOS-Stunden hinaus in den Schulalltag sicherstellen.

Das FAUSTLOS-Set umfasst einen Materialienkoffer mit Handbuch, einem Anweisungsheft und Fotos bzw. Folien. Im Kindergarten-Koffer sind zudem noch zwei Handpuppen enthalten, die durch das Programm führen: der wilde Willi und der ruhige Schneck. Die Pädagogen werden in einer Tagesveranstaltung mit dem Konzept vertraut gemacht. Die Materialien können ausschließlich beim Heidelberger Präventionszentrum über die Teilnahme an der Fortbildung bezogen werden (Schick/Cierpka 2004, 58 und FAUSTLOS 2005).

Die Unterrichtsstunden bauen sich nach einem festen Schema auf. Nach einem Warming-up erfolgt eine Bildbesprechung. Die Kinder sehen ein Foto, auf dem Kinder in verschiedenen Situationen passend zum Stundenthema zu sehen sind. Einer kognitiven Auseinandersetzung (Was sehen wir? Was passiert da? Was könnte man anders machen?) folgt ein modellhaftes Rollenspiel der Erzieher oder Lehrer. Danach üben und vertiefen die Kinder das Besprochene im eigenen Rollenspiel. Im Gespräch soll sich der Transfer in die Lebenswelt der Kinder erschließen. Bei einigen Lektionen gibt es Materialien zur Bearbeitung zu Hause.

Die drei Schwerpunkte des Trainings sind auf die Lektionen verteilt. Der Baustein „Empathieförderung" nimmt den größeren Teil der Schulstunden ein. Die Kinder lernen Gestik und Mimik anderer zu deuten, lernen zu erkennen, dass Menschen in gleichen Situationen unterschiedliche Gefühle haben können, beabsichtigte von unbeabsichtigten Handlungen zu trennen, aktiv zuzuhören und Gefühle in Ich-Botschaften mitzuteilen (ebd., 55).

Der zweite Baustein „Impulskontrolle“ umfasst ein Problemlöseverfahren und das Training von Verhaltensfertigkeiten. Das Problemlöseverfahren nützt das Brainstorming und das laute Denken, um einen Konflikt zu analysieren und Lösungen zu erarbeiten. Dabei erhalten die Kinder einen Fragekatalog an die Hand. Verhaltensfertigkeiten werden im Rollenspiel eingeübt, z.B. Störungen ignorieren, höflich nachfragen oder dem Impuls zu lügen widerstehen.

Zum „Umgang mit Ärger und Wut“ (Baustein 3) werden Techniken zur Stressreduktion vermittelt. Die Kinder lernen „Auslöser von Ärger und Wut zu erkennen und mit dem Gebrauch positiver Selbst-Verstärkungen und mit Beruhigungstechniken zu verbinden“ (ebd., 57). Eine dieser Techniken ist das „Rückwärtszählen“.

Evaluation und Effekte

Second Step wurde 1988 in Seattle zum ersten Mal evaluiert. Festgestellt wurde, dass Kinder, die am Programm teilgenommen hatten, empathischer waren und deutlich bessere Problemlösungsfähigkeiten aufwiesen. Eine deutsche Begleitstudie zu einem Pilotprojekt an Göttinger Schulen erwies, dass die Kinder bereits nach vier Monaten aggressiven Verhaltensweisen ablehnend gegenüberstanden (ebd., 63).

Eine dreijährige Studie im Kontrollgruppendesign im Auftrag des Ministeriums für Kultur, Jugend und Sport in Baden-Württemberg, bei der Lehrer, Eltern und jeweils zwei Kinder einer Klasse befragt wurden, zeigte vor allem aus Sicht der Eltern positive Entwicklungen im emotionalen Bereich. Sie beobachteten eine Abnahme depressiv-ängstlichen Verhaltens. Allgemein profitierten hauptsächlich Mädchen von dem Trainingsprogramm hinsichtlich ihrer Fähigkeit zur Perspektivenübernahme und dem Einhalten sozialer Regeln. Lehrer schätzten das Training als geeignet zur Verbesserung des Sozialverhaltens und zur Prävention aggressiven Verhaltens ein (Schick/Cierpka 2003, 156 ff.).

Kritik

Kritisiert wird vor allem die stark kognitive Ausrichtung des Konzeptes. Große Anteile der Stunden werden verbal bearbeitet, es mangelt an körper- und spielorientierten Übungen, die für die Altersgruppe wichtig wären (Schön 2003, 176). Sprachlich benachteiligte Schülerinnen und Schüler haben es schwerer, von dem Projekt zu profitieren.

Zweifelhaft ist auch, ob FAUSTLOS Effekte bei den Kindern erzielt, deren Umfeld keine Modelle bietet, die den gewaltfreien Umgang mit Konflikten vorleben. Hier greift das Konzept zu kurz. Fraglich ist außerdem, ob das Konzept für die Schüler spannend bleibt. Das geschlossene Curriculum verleitet zum mechanischen Vorgehen, der Aufbau der Stunden ähnelt sich und kann einen Wiederholungseffekt für die Schüler ergeben, der dem aktiven Lernen, besonders im emotionalen Bereich entgegensteht (ebd., 175). Auch der gesellschaftskritische Aspekt fehlt; die Reflexion eigener Erfahrungen und Erlebnisse der Kinder mit Gewalt findet wenig Platz; im Vordergrund steht die gezielte Veränderung des Schülerverhaltens (ebd., 177).

4.1.2 „Erwachsen werden" – ein Life-Skills-Programm für Schüler der Sekundarstufe I (Lions-Quest)

„Erwachsen werden" ist ein Life-Skills-Programm zur „unspezifischen Primärprävention von Sucht und Suchtverhalten, aber auch von anderen Formen dissozialen Verhaltens (…) bei Jugendlichen in der Sekundarstufe I" (Lions-Quest, 20).

Unspezifisch bedeutet, dass keine speziellen Trainingseinheiten angeboten werden, in denen Jugendliche üben, nein zu Drogen zu sagen (sog. Standfestigkeitstrainings); vielmehr ist das Hauptziel des Programms, die psychosoziale Kompetenz von Jugendlichen zu stärken.

Dazu gehören

- die Entwicklung von Selbstvertrauen und Selbstwertgefühl,
- die Förderung von Sensibilität, differenzierter Wahrnehmungsfähigkeit und Einfühlungsvermögen,
- die Ausbildung eines realistischen Selbstbildes,
- die Fähigkeit Beziehungen eingehen zu können, Lebensfreude zu empfinden, kritisch zu denken, eigene Gefühle und Bedürfnisse wahrzunehmen und auch kontrollieren zu können, die Bereitschaft sich sozial zu engagieren,
- und die Fähigkeit Rückschläge und Enttäuschungen anzunehmen und positiv zu verarbeiten

(ebd., 20-21).

Junge Menschen sollen über das Programm ein Handlungsrepertoire zur Bewältigung unterschiedlichster Belastungssituationen erwerben und so auch lernen, auf Drogen zu verzichten. Wenngleich die Intention der Autoren in Richtung Gesundheitsprophylaxe zielt und auch die Evaluation als Wirksamkeitskriterium großteils den Beginn oder Nicht-Beginn des Konsums von Drogen zugrunde legt, fördert die Ausbildung von Life Skills im gleichen Maße den konstruktiven Umgang mit sich und anderen und das bedeutet auch: mit Konflikten.

Das fachübergreifende Curriculum ist in einem Handbuch festgelegt und umfasst sieben Teile:

1. Ich und meine (neue) Gruppe
   Wer sind die anderen, wie gehen wir miteinander um?

2. Stärkung des Selbstvertrauens
   Was ist Selbstvertrauen, worauf gründet meines?
3. Mit Gefühlen umgehen
   Gefühle wahr- und ernstnehmen, akzeptieren und ausdrücken lernen
4. Die Beziehungen zu meinen Freunden
   Wie kann man echte Freundschaften aufbauen? Welchen Einfluss hat die Clique?
5. Mein Zuhause
   Reflektion der familiären Beziehungen
6. Es gibt Versuchungen: Entscheide dich
   Entscheidungen treffen zu Lebensstil, beruflicher Zukunft, dem eigenen Körper und dem Umgang mit Suchtmitteln
7. Ich weiß, was ich will
   Welche Ziele habe ich und wie kann ich sie erreichen?

Methodisch kommen neben Gesprächen Interaktionsspiele, Körper- und Wahrnehmungsübungen, Visualisierungen, Phantasiereisen und Rollenspiele zum Einsatz.

„Erwachsen werden“ wurde 1984 unter dem Titel „Skills for Adolescence“ von Quest International, einer amerikanischen non-profit-Organisation entwickelt. Quest International konzipiert Materialien und Programme, die der Persönlichkeitsentwicklung von Jugendlichen dienen und ihnen helfen, so genannte Life Skills (Lebenskompetenzen) aufzubauen. Lions Club International wurde auf die Programme aufmerksam und begann die Arbeit finanziell zu unterstützen und zu bewerben; so entstand die Kooperation Lions-Quest. 1991 kam das Programm durch eine Gruppe von Lehrern nach Deutschland. Nach einer Probephase empfahl der deutsche Lions-Club 1996 allen Ortsverbänden „Erwachsen werden“ als Vor-Ort-Activity umzusetzen. Seither sponsern die ortsansässigen Clubs die Fortbildungen und Materialien, teilnehmende Lehrer müssen nur einen geringen Kostenbeitrag entrichten. Weltweit findet das Programm in 40 Ländern Anwendung. Bis 2002 fanden in Deutschland ca. 800 Seminare statt in denen sich über 20.000 Lehrer qualifizierten.

Die Materialiensammlung „Erwachsen werden" beinhaltet ein Lehrerhandbuch mit Hintergrundwissen und Kopiervorlagen für den Unterricht inklusive CD-ROM, Schülerordner zur Sammlung der Arbeitsblätter, ein Elternheft mit dem Titel „Jahre der Überraschungen" (Informationen zur Pubertät, auch in türkischer und russischer Sprache) und sieben Elternbriefe zu jedem Kapitel, die der Verbesserung der Elternarbeit dienen. Erhältlich sind die Arbeitsunterlagen nur über ein dreitägiges, praxisorientiertes Einführungsseminar. Grund dafür ist die Erfahrung von Lions-Quest, dass es Lehrern oft schwerfällt, Methoden des sozialen Lernens anzuwenden, die ihnen in ihrer Ausbildung nicht vermittelt wurden. Da sich die Rolle und Aufgabe des Lehrers in Life-Skills-Trainings erheblich von der des traditionellen Unterrichts unterscheidet, verpflichtet Lions Quest die Teilnehmer quasi per Seminarbindung zur Nachqualifizierung, um eine reibungslosere Umsetzung des Programms in den Schulalltag zu ermöglichen.

Evaluation und Effekte

Heike Kähnert (2002) hat unter Leitung von Klaus Hurrelmann an der Universität Bielefeld im Zeitraum von Juni 2000 bis Mai 2002 das Programm evaluiert und festgestellt, dass „Erwachsen werden" in allen Schultypen angewandt wurde, in größerem Maße aber an Gymnasien und Gesamtschulen; oft integrierte man eine eigene „Lions-Quest-Stunde" in die Stundentafel. Das Programm erschien den befragten Lehrern als zielgruppengemäß; ebenso empfanden alle die Seminare zur Einführung als „gut" oder „sehr gut". Positive Auswirkungen zeigte Lions-Quest auf das Klassen- und

Schulklima, 70% der Schüler und 90% der Lehrer wünschten sich häufiger Lions-Quest-Stunden (ebd., 108). In der Wahrnehmung der Lehrer waren die Schüler nach Abschluss der Trainingsstunden toleranter, rücksichtsvoller und hilfsbereiter, sie verfolgten den Unterricht aufmerksamer und erledigten Aufgaben selbständiger. Die Etablierung von „Erwachsen werden" bedeutete also eine Arbeitsentlastung für die Lehrer, da der Unterricht störungsfreier abgehalten werden konnte (ebd., 109).

Kritik

Im Rahmen der Evaluation bemängelten Lehrer, dass der interkulturelle Aspekt im Curriculum nicht genügend beachtet wurde. Das nähere Eingehen auf andere kulturelle Sichtweisen fehlt. Ebenso wurde festgestellt, dass das Konzept in erster Linie von Mädchen positiv aufgenommen wird, Jungen profitieren nicht im geplanten Maße, da der Schwerpunkt der Einheiten auf Kommunikation und emotionaler Kompetenzförderung liegt, zwei Aspekten, die eher das Interesse von Mädchen finden und ansprechen. Eine weitere geschlechterdifferenzierte Weiterentwicklung des Programms wäre angezeigt (ebd., 110). Lehrer von Hauptschulen empfanden die Texte der Arbeitsblätter als zu lang und schwer verständlich, das Programm also für die Gruppe der benachteiligten Schüler nicht eindeutig geeignet (ebd., 102).

Im Allgemeinen erscheint Lions-Quest als moralisch sehr vorgefertigt. Die Liste der zu erwerbenden Kompetenzen ist vorgegeben und recht konkret formuliert. Einige der Ziele erscheinen zu hochgesteckt für ein nur 45-minütiges Wochenprogramm.

4.2 Trainingsprogramme der Jugendhilfe

Die Jugendhilfe bietet im Rahmen der Hilfen zur Erziehung (§ 27 SGB VIII[8]) Kindern und Jugendlichen die Möglichkeit, durch Soziale Gruppenarbeit (§ 29 SGB VIII[9]) Entwicklungsschwierigkeiten zu überwinden und Verhaltensprobleme zu lösen; wobei besonders das soziale Lernen gefördert werden soll. Die Trainingsprogramme der Jugendhilfe setzen später an als die der Schule. Die sozialen Gruppenangebote oder sozialen Trainingskurse kommen erst zum Tragen, wenn Jugendliche strafrechtlich auffällig werden, also bereits delinquent sind und fallen somit unter die Kategorie der so genannten tertiärpräventiven Maßnahmen. In Verbindung mit dem Jugendgerichtsgesetz § 10 JGG[10] wird der Besuch einer Trainingsmaßnahme, ähnlich wie beim Anti-Aggressiviäts-Training, vom Richter als Weisung verhängt. Ein Großteil der Straftaten, die mit Sozialen Trainingskursen geahndet werden, beruht erfahrungsgemäß auf Sachbeschädigung und Körperverletzung, steht also im Zusammenhang mit Jugendgewalt. Zunehmend werden die Angebote aber auch für nicht-delinquente Jugendliche mit vergleichbaren Entwicklungsdefiziten geöffnet; in diesen Fällen wird die Teilnahme durch das örtliche Jugendamt im Hilfeplan festgelegt. Soziale Trainingskurse können unterschiedliche methodische Schwerpunkte haben: einen handlungs- oder erlebnisorientierten, einen themenorientierten (verbale Methoden) oder eine Mischform (Landesjugendamt Bayern 2006), sie finden in der Regel in Gruppen statt. Die Inhalte der Trainingskurse sind im Gesetz nicht konkret festgelegt, so gestalten die Träger ihre Kurse weitestgehend selbst. In den letzten Jahren haben sich einige spezifische Trainingsformen herausgebildet,

8 Siehe Gesetzestexte in Kapitel IV.
9 Siehe Gesetztestexte in Kapitel IV.
10 Siehe Gesetzestexte in Kapitel IV.

wie das AAT (siehe Abschnitt 1)[11] oder DENKZEIT. Dieses relativ neue Training setzt auf Einzelarbeit, um alternative Denk- und Verhaltensmuster bei straffälligen Jugendlichen in Gang zu setzen.

4.2.1 Der Soziale Trainingskurs als ambulante Hilfe für straffällig gewordene Jugendliche

Soziale Trainingskurse (STK) haben zum Ziel, die problematische Lebenssituation von jungen Menschen zu überwinden und das (Wieder-) Abgleiten in kriminelle Karrieren zu verhindern. Die Hilfe wird sowohl in Einrichtungen als auch mobil und aufsuchend angeboten.

Zielgruppe sind junge Menschen von 14 bis 21 Jahren, bei denen eine Straftat deutlich gemacht hat, dass sie weiterer erzieherischer Hilfe bedürfen oder die bei der Gestaltung ihres Lebens eine Perspektiven klärende, sozialpädagogische Hilfe benötigen (Senat von Bremen 2000).

Gesetzliche Grundlage des Sozialen Trainingskurses ist § 10 Abs. 1 Nr. 6 JGG, der insbesondere bei leichten und mittleren Jugendstraftaten den STK als alternative ambulante Hilfe zur Haftvermeidung in Gang setzt. Soziale Trainingskurse werden von Trägern der erzieherischen Jugendhilfe durchgeführt.

Ziele eines STK sind die Stärkung der sozialen Kompetenzen, die Verbesserung der Lebenslage und das Vermeiden erneuter, strafrechtlicher Auffälligkeit.

Ein Kurs umfasst in der Regel acht bis zwölf Teilnehmer und erstreckt sich über sechs Monate (ebd.).

Die nachfolgenden Beispiele repräsentieren zwei der unterschiedlichen Konzepte. Die Jugend- und Konflikthilfe Marburg

11 Trotz seiner gesetzlichen Zuordnung zum Sozialen Trainingskurs, sahen wir es als sinnvoller an, das AAT in Kombination mit dem CT und seiner theoretischen Begründung in einem Extrapunkt darzustellen.

setzt den Schwerpunkt auf Gespräche, während das Pfefferwerk Berlin durch intensive erlebnispädagogische Einheiten Ressourcen zu fördern und Kompetenzen zu stärken sucht.

Praxisbeispiele

A) Ein gesprächsorientierter Sozialer Trainingskurs: STKplus, Jugend- und Konflikthilfe Marburg e.V.

Die Jugendkonflikthilfe Marburg e.V. (JUKO) führt Soziale Trainingskurse als ambulante sozialpädagogische Maßnahme unter dem Namen „STKplus“ durch. Dabei arbeitet sie mit den kommunalen Jugendämtern der Stadt Marburg, anderen Jugendhilfeträgern und der Justizverwaltung in der Region Marburg zusammen. Derzeit stellt die JUKO neun Plätze für die Betreuung straffällig gewordener junger Menschen. Die ungebrochen hohe Zahl der Zuweisungen durch die Jugendgerichte macht deutlich, dass der Bedarf wesentlich höher ist. Für das Angebot STKplus besteht eine Warteliste.

Die Dauer des Sozialen Trainingskurses beträgt vier Monate. Je nach Hilfebedarf und Deliktschwere zeigt sich im Einzelfall bei der Sanktionspraxis eine Bandbreite von drei bis sechs Monaten laut jugendrichterlicher Weisung und fachlicher Empfehlung der Jugendgerichtshilfe. Die Teilnahme ist verpflichtend, nach dreimaligem Fehlen ergeht eine Meldung an das Gericht, mit der Konsequenz, dass der oder die Betroffene mangels Erfüllung seiner Auflage den Arrest antreten muss.

Das Training gliedert sich in einen wöchentlichen Einzeltermin beim jeweiligen Bezugsbetreuer und einen Gruppentermin. Ziel ist die Veränderung von strafrechtlich relevanten Verhaltensweisen und problematischen Lebensbedingungen.

In den Einzelgesprächen bietet die Maßnahme STKplus neben einer Auseinandersetzung mit den Ursachen und Folgen der strafbaren Handlung individuelle Hilfen in allen problematischen

Lebenssituationen, beispielsweise Unterstützung bei Schul-, Berufs- und Ausbildungsproblemen, der Wohnungs- und Jobsuche, der Schuldenregulierung sowie der Bearbeitung von Suchtproblematiken und stark belasteten familiären Bindungen.

Das parallele Gruppenangebot orientiert sich an den Problemlagen und Interessen der jeweiligen Teilnehmer und verbindet thematische Blöcke zu jugendspezifischen Fragen mit Freizeitaktivitäten. Berufsfindung und -orientierung, Sexualität, Kooperation und Problemlösung sind beispielsweise Themen, die behandelt werden. Während der zweistündigen Gruppensitzung können die Jugendlichen das soziale Interagieren üben.

Im Jahre 2004 wurden der Jugendkonflikthilfe Marburg e.V. im Angebot STKplus insgesamt 55 Zuweisungen erteilt. Bis zum Jahresende konnten 20 Betreuungen erfolgreich abgeschlossen werden. In sieben Fällen kam es zum Abbruch (JUKO Marburg 2004).

Die Jugendkonflikthilfe Marburg e.V. (JUKO) ist ein gemeinnütziger, freier Träger der Jugendhilfe. Ihre Hilfen richten sich an straffällig gewordene, gefährdete und ratsuchende junge Menschen und deren Familien. Das Angebot ist vielfältig, Projekte im Bereich Jugendberufshilfe, Täter-Opfer-Ausgleich, Schulmediation und Prävention, Familien- und Jugendhilfe sowie Jugendstraffälligenhilfe (Ableistung von Arbeitsstunden, Sozialer Trainingskurs, Anti-Aggressivitäts-Training, Betreuungsweisung) gehören zum Angebot. Die Projekte werden zum großen Teil im Trägerverbund mit dem Verein zur Förderung bewegungs- und sportorientierter Jugendsozialarbeit (bsj) e.V. realisiert.

In der Einrichtung sind 20 hauptamtliche Mitarbeiterinnen und Mitarbeiter mit einer pädagogischen bzw. psychologischen Grundqualifikation beschäftigt.

Jugendkonflikthilfe Marburg e.V.
Krummbogen 2
35039 Marburg
Tel.: 06421/6909-10
Fax: 06421/6909-22
E-Mail: krummbogen@jugendkonflikthilfe.de
Website: www.jugendkonflikthilfe.de

B) Ein erlebnispädagogisch-orientierter Sozialer Trainingskurs: Arbeits- und Begegnungscamp in Russland, Pfefferwerk gGmbH

Die Konzeption und Durchführung des Sozialen Trainingskurses der Freien Hilfe Berlin e.V. ist erlebnispädagogisch ausgerichtet und integriert ein dreiwöchiges, meist in Russland stattfindendes, Arbeits- und Begegnungscamp. Mit 340 Stunden übersteigt dieser STK die herkömmlichen bei Weitem; ebenso ist die Betreuung wesentlich intensiver. Sieben bis neun Jugendliche im Alter von 14 bis 21 Jahren werden von zwei Sozialpädagogen betreut.

Ausschlussgrund für eine Teilnahme sind gravierende gesundheitliche Probleme oder Süchte, da der Trainingskurs physisch und psychisch stark fordert.

Über die besonderen Bedingungen und den Anspruch des Projektes werden die Jugendlichen im Vorfeld der Gerichtsverhandlung informiert, um die Weisung zum STK mit einer gewissen Ausgangsmotivation erfüllen zu können.

Das Kurskonzept verläuft in drei Phasen:
Erste Phase: Vorbereitung durch Gesprächstreffen und ein erlebnispädagogisches Wochenende
In wöchentlichen Treffen wird zunächst vor allem gesprächs- und handlungsorientiert gearbeitet. Die Vorbereitungsphase zielt auf die bewusste Integration der Jugendlichen in die Gruppe, auf die Auseinandersetzung mit ihrer Delinquenz und auf die Vorbe-

reitung des Camps mit seinen fremdartigen Bedingungen. Es werden Gruppenregeln und ein Programm für den Gesamtkurs erarbeitet sowie persönliche Ziele festgelegt.

An einem gemeinsamen erlebnispädagogischen Wochenende werden die physischen und psychischen Grenzen der Jugendlichen ausgetestet. Die Gruppe muss 60 km mit dem Fahrrad und ca. 30 km mit dem Kanu zurücklegen. Die Übernachtungen finden im Zelt statt.

Zweite Phase: dreiwöchiges Arbeits- und Begegnungscamp in Kirgisien

Nach der Vorbereitung fährt die Trainingsgruppe für drei Wochen zum Arbeiten und Leben nach Russland. Die Vorteile eines STK im Ausland sehen die Träger in der Loslösung aus dem meist konfliktbeladenen sozialen Umfeld in Berlin. Durch die grundsätzlich andere Lebensweise und Herausforderungen eines fast autarken Lebens in der Natur können andere Sichtweisen und Ressourcen fördern. Auch das starke Aufeinanderangewiesensein in der Gruppe kann Neu-Definitionen von Rollen anregen. Der Aufenthalt in einem fremden Land steigert die Wahrnehmungsfähigkeit für andere Kulturen und der intensive Kontakt mit den russischen Einheimischen beim Wohnen, Arbeiten und der Freizeitgestaltung kann sich positiv auf abwertende Einstellungen oder auch rechtsorientierte Haltungen auswirken.

Kernpunkt des Lebens im Camp ist die Realisierung eines gemeinnützigen Projektes vor Ort. Gemeinsam mit einheimischen Jugendlichen bzw. Studenten wird werktags ca. sechs Stunden gearbeitet (z.B. Sanierung von Teichen, Anlegen von Parkwegen). Diese Hilfe wird von den örtlichen Medien dokumentiert.

Dritte Phase: Transfer der Erfahrungen in das Alltagsleben

Zurück in Berlin werden in handlungs- und gesprächsorientierter Gruppenarbeit die gemachten Erfahrungen und Erlebnisse reflektiert. Die Gruppe erstellt gemeinsam ein Tagebuch, eine Fotocollage und einen Video über die Zeit im Camp. Gleichzeitig erhalten die Jugendlichen Hilfestellung bei der Umsetzung ihrer individuellen Ziele (z.B. Lehrstellen- oder Arbeitssuche, Anmietung einer Wohnung, Vermeidung von Straffälligkeit).

Zur Evaluation wird der gesamte Kurs für jeden einzelnen Teilnehmer über einen Verlaufsbogen dokumentiert, durch den dem Jugendlichen in Zwischen- und Abschlussgesprächen Entwicklungen von Ressourcen und Kompetenzen aufgezeigt werden können. Nach dem Sozialen Trainingkurs im Jahre 2002 hatten alle Teilnehmer eine Arbeits- oder Ausbildungsstelle. Außerdem hielt über die Hälfte der Teilnehmer weiterhin sporadischen Kontakt zum Jugendprojekt des Vereins (Roggmann/Ebel 2003).

Das Projekt „Soziales Training" wird mittlerweile vom Berliner Jugendhilfeträger „Pfefferwerk Stadtkultur gGmbH" durchgeführt. Neben dem Sozialen Trainingskurs bzw. der Sozialen Gruppenarbeit werden auch das sozialkognitive Einzeltraining DENKZEIT sowie Betreuungshilfe und Beratungsgespräche angeboten.

Pfefferwerk Stadtkultur gGmbH
Jugendhilfeverbund
Bereich Soziales Training
Jutta Roggmann, Ulrike Klotz, Tilman Ebel
Paul-Robeson-Str. 21
10439 Berlin
Tel.: 030/4428454
Fax: 030/4420842
E-Mail: Soziales-training@pfefferwerk.de
Website: www.pfefferwerk.net

4.2.2 DENKZEIT – ein sozialkognitives Einzeltraining für delinquente Jugendliche

DENKZEIT ist ein sozialkognitives Trainingsprogramm, das eine Fortentwicklung eines am Brandon Centre in London entwickelten Programms für delinquente Kinder und Jugendliche darstellt. Die derzeit gültige Fassung der DENKZEIT-Methode wurde von einer Forschungsgruppe an der Universität Berlin bis 2004 entwickelt (Körner/Friedmann 2005, 13).

Zielgruppe sind straffällig gewordene Jugendliche; am wirksamsten hat sich das Training in England für die Altersgruppe der 14- bis 16-jährigen erwiesen. In Berlin wurde das Training mit 19-jährigen männlichen Jugendlichen durchgeführt (Jaletzke 2003, 91). Ein Großteil der Teilnehmer kommt per richterlicher Weisung (§10 JGG[12]) zu den Trainings.

DENKZEIT arbeitet nicht mit Gruppen wie andere Trainingsformen, sondern setzt auf Einzeltraining. Man geht von der Annahme aus, dass Jugendliche in Gruppen wiederkehrende Rollen einnehmen und Verhalten reproduzieren, das einen individuellen Veränderungsprozess behindern kann (Körner 2005).

Das DENKZEIT-Konzept gründet auf der empirischen Erkenntnis (Lösel/Bliesener 2003), dass delinquente, gewaltbereite Jugendliche ein Defizit in der „sozialen Informationsverarbeitung“ haben. Sie sind „selektiv aufmerksam für feindselige Anzeichen“, haben eine vergleichsweise geringe Fähigkeit, Gefühle und Haltungen anderer richtig zu erkennen, tendieren dazu, anderen aggressives Verhalten zu unterstellen, bei der Auswahl von Handlungen eher egozentrische auszuwählen und die Folgen aggressiver Verhaltensweisen zu positiv einzuschätzen (Körner 2005). Das Training zielt deshalb auf den Erwerb oder die spezielle Förderung eben dieser bei aggressiven Jugendlichen fehlenden, sozialkognitiven Kompetenzen,

12 Siehe Gesetzestext in Kapitel IV.

die als Schutzfaktoren gegen Delinquenz gelten, nämlich: „Die Fähigkeit, die eigenen Affekte zu kontrollieren, in spannungsreichen Situationen Handlungsalternativen zu entwickeln, die Folgen des eigenen Handelns abzuschätzen und sich in die Perspektive anderer Menschen hineinversetzen zu können, sowie die Fähigkeit zur moralischen Urteilsbildung“ (Körner/Friedmann 2005, 14).

Das DENKZEIT-Training soll dazu befähigen, in unübersichtlichen Situationen (die zu einer Eskalation führen können) kurz innezuhalten, sich die Folgen unterschiedlicher Handlungsalternativen zu vergegenwärtigen und dabei moralische Erwägungen einzubeziehen, sich in das Gegenüber hineinzuversetzen, um erst dann eine Handlungsentscheidung zu treffen. Obwohl das Konzept kognitiv-behavioral orientiert ist, bezieht es auch psychoanalytische Ansätze in die Erklärung der projektiven Phantasien von Teilnehmenden mit ein. Ein Jugendlicher, so Körner und Friedmann, kann zwar lernen, das Verhalten anderer Menschen richtig einzuschätzen, zugrunde liegen diesem Zuschreibungsprozess doch zumeist projektive Identifikationen mit denen der Jugendliche sich zu entlasten versucht und denen nicht mit rein kognitiven Trainingseinheiten begegnet werden kann. Die Projektionen (z.B. „Der andere sieht mich so schräg an, weil er denkt, ich sei Dreck.“) speisen sich aus persönlichen Unwertgefühlen der Jugendlichen. Ohne therapeutisch zu werden bearbeitet DENKZEIT diese psychodynamische Komponente des aggressiven Verhaltens, indem dem Jugendlichen Momente der Selbstwirksamkeit und des Erfolges vermittelt werden, die sein Selbstgefühl stärken, so dass er sich nicht immer angegriffen fühlen muss (ebd., 46 ff.).

Das Programm umfasst 40 Sitzungen á 45 Minuten von denen nur die ersten 23 manualisiert sind; ein ausgebildeter Trainer bearbeitet zusammen mit einem Jugendlichen die festgelegten Lektionen. In einer Art Handbuch sind die Inhalte, Ziele und didaktischen Methoden der Sitzungen festgelegt. Der

Jugendliche erhält ebenfalls einen Materialband mit Beispielen und Illustrationen.

In der ersten Hälfte des Trainings durchdenkt und löst der Trainer oder die Trainerin mit dem Jugendlichen beispielhaft soziale Konfliktsituationen anhand drei inhaltlicher Module: Probleme analysieren, Affekte managen und somit moralisch denken und handeln.

Das Training ist zielorientiert, einzelne Lerneinheiten werden mit dem Jugendlichen schrittweise erarbeitet, eine neue Aufgabe wird erst dann in Angriff genommen, wenn die vorherige befriedigend bewältigt wurde. Dabei sind die Module flexibel anwendbar; je nach individueller Problemlage des Jugendlichen kann das eine oder das andere mehr gewichtet werden (Körner/Friedmann 2005, 63-64). Nach jeder Lektion erhält der Jugendliche eine kleine Aufgabe für die Woche, zum Beispiel sich an eine Situation zu erinnern, in der Vermutungen über eine andere Person angestellt wurden, oder verschiedene Gefühle aufzuschreiben, die er während der Woche empfunden hat.

Der zweite Teil der Sitzungen ist für den Praxistransfer vorgesehen. Der Teilnehmer soll Gelerntes auf seinen Alltag anwenden lernen und eigene erlebte Konflikte lösen. Jetzt werden keine Themen und Inhalte mehr vorgegeben, sondern der Jugendliche bestimmt, welche Situationen in den Sitzungen besprochen werden.

Basis für die Durchführung des Trainings ist eine stabile, verlässliche und belastbare Arbeitsbeziehung zwischen Trainer und Jugendlichem. Da die Teilnahme am DENKZEIT-Training per richterlicher Weisung erfolgt und somit nicht freiwillig ist, muss zunächst der emotionale Kontakt zum Jugendlichen hergestellt werden, um ihn für die gemeinsame Arbeit zu interessieren. Unter Wahrung der nötigen Distanz, soll der Jugendliche Wertschätzung und Interesse durch den DENKZEIT-Trainer erfahren und sich an ihm orientieren können, ohne seine Wertvorstellungen übernehmen zu müssen. Lernen am Modell spielt eine wichtige Rolle im Trainingsverlauf. Als Bindeglied zwischen Jugendlichem und Trainer fungiert die gemeinsame Arbeit an der Methode (Körner 2005).

Evaluation und Effekte

Das DENKZEIT- Trainingsprogramm wurde im Rahmen eines umfangreichen Projektes zur Wirksamkeitsanalyse pädagogischer Arbeit mit delinquenten Jugendlichen von einer Forschungsgruppe unter Körner evaluiert, gefördert durch das Bundesministerium für Familie, Senioren, Frauen und Jugend. Verglichen wurde die Wirksamkeit dreier pädagogischer Methoden in der Arbeit mit delinquenten Jugendlichen: das DENKZEIT-Training, Soziale Trainingskurse und die Einzelbetreuung durch Mitarbeiter der Bewährungshilfe. Ergebnis der Studie war, dass alle drei Verfahren im Hinblick auf die Rückfallquote hoch wirksam sind; in der Betrachtung der evaluierten Einzeleffekte aber erwies sich das DENKZEIT-Training als besonders erfolgreich (Körner/Friedmann 2005, 178). Eine Kurzfassung der Ergebnisse kann auf der Website (www.denkzeit.com) eingesehen werden, die Monographie erscheint zu einem späteren Zeitpunkt.

Kritik

Auch wenn bislang keine öffentliche Kritik oder Bewertung des Programms vorliegt, ergeben sich doch einige kritische Nachfragen. Wie werden auf der rein kognitiven Ebene die Einsichten erzeugt, die letztendlich zu einer Veränderung jahrelang eingeübten Verhaltens und in der Psyche tief verankerter Interaktionsmuster führen sollen? Genügt es, nach einem festgefügten Manual hauptsächlich gesprächsorientiert vorzugehen? Bei allem Verständnis für die Vermeidung rollenstabilisierender Gruppenstrukturen, fehlt dann nicht doch das direkte Übungsfeld, in dem sogar gegen den Widerstand einer Gruppe Gleichgesinnter Verhaltensänderungen erprobt werden können? Gelingt den Trainierenden der nachhaltige Transfer in das Umfeld, aus dem sie zum Training kommen und in das sie auch nachher zurückkehren? Wiederholen sich hier nicht die aus den klassischen Einzelfallgesprächen bekannten Erlebnisse eines vordergründig sehr einsichtigen Klienten, dem die Umsetzung des Erlernten ohne weitere Unterstützung im Alltag schwer fällt?

Irritierend ist auch, dass das Training nur intern evaluiert wurde.

DENKZEIT Gesellschaft e.V.
Gesellschaft zur Förderung wissenschaftlich begründeter Methoden psychosozialer Arbeit mit jungen Menschen
Arnimallee 11
14195 Berlin
Tel.: 030/83855807
Fax: 030/83852725
E-Mail: info@denkzeit.com
Website: www.denkzeit.com

Folgende Institutionen führen das DENKZEIT-Training bereits durch:
Jugendkonflikthilfe e.V.
Krummbogen 2
35039 Marburg
E-Mail: krummbogen@jugendkonflikthilfe.de

Pfefferwerk Stadtkultur gGmbH
Jugendhilfeverbund
Bereich Soziales Training
Paul-Robeson-Str. 21
10439 Berlin

5. Szenische Verfahren

Szenische Verfahren finden häufig Anwendung in der Bearbeitung von Konflikten, sowohl bei Kindern und Jugendlichen als auch Erwachsenen. Szenische Verfahren lassen sich in verschiedene Genres einteilen: klassisches Rollenspiel, Forumtheater, Unsichtbares Theater, Statuentheater, Psychodrama, Szenisches Spiel, theaterpädagogische Arbeit, Theateraufführungen u.v.m.

Theater knüpft an der subjektiven Erfahrung an. Gespielte Rollen nähren sich aus eigenen psychischen und physischen Erlebnissen und Beobachtungen. Die Darstellung eines Charakters, der nicht der eigenen Persönlichkeit entspricht, fordert heraus, sich mit dieser anderen Denk- und Handlungswelt auseinanderzusetzen. Durch den Vergleich verschiedener Handlungsmöglichkeiten und das Einfühlen in einen anderen Charakter werden Toleranz und demokratische Empfindsamkeit gefördert (Hoffmann 1999, 19).

Das freie Theaterspiel, in dem Rollen und Szenen erarbeitet werden, bietet Schonraum wie eine Laborsituation, in denen Verhaltensweisen ausprobiert werden können, ohne dass der Spieler sein Gesicht verliert.

In der pädagogischen Arbeit nimmt das Rollenspiel einen großen Stellenwert ein. Es gibt kaum ein Training zum sozialen Lernen oder ein Konzept, das zur Verhaltensreflexion oder -änderung anregen soll, das ohne die Verwendung des Rollenspiels im weiteren Sinne auskommt.

Aktives Theater- oder Rollenspiel mit Jugendlichen und Kindern findet an vielerlei Orten statt: in Schultheater-AGs, im Unterricht, in Freizeiteinrichtungen, auf Seminaren, in selbstorganisierten Laienspielgruppen. Die Zielrichtung kann ganz unterschiedlich sein und reicht vom reinen künstlerischen Anspruch bis hin zur Auseinandersetzung und Umsetzung von gesellschaftspolitischen Themen, worunter auch die gewaltpräventive Arbeit fällt.

Theater als rezeptives Medium in Form von Inszenierungen für Kinder und Jugendliche durch professionelle Schauspieler oder Theaterpädagogen hat den Anspruch zur Reflexion und Diskussion anzuregen. Die Verhaltensweisen der Darsteller müssen nachvollzogen und verstanden werden.

Das Animationstheater verbindet diese beiden vorgenannten Elemente. Zunächst werden Szenen vorgestellt; dann aber soll der Zuschauer animiert werden, spielend in die Szenen einzusteigen.

Theaterarbeit in sozialen Feldern hat unterschiedliche Ursprünge und Ausrichtungen, einige Vertreter sind Brecht, Stanislawski, Moreno, Boal oder Scheller. Während Boal (1989) und Brecht eher für das politische Theater stehen, hat Moreno (1973) das Psychodrama ursprünglich zur Reflexion von Persönlichkeitsanteilen für seine therapeutische Arbeit mit Patienten konzipiert. Angewandt wird das Psychodrama mittlerweile aber durchaus auch außerhalb therapeutischer Settings wie in sozialen Trainingskursen (vgl. Schaller 2005).

Scheller (1998) nutzte das Szenische Spiel anfangs als Lern- und Übungsfeld im Rahmen der Ausbildung und Supervision für Lehrer und als Methode im Unterricht; heute wird es auch in der Konfliktbearbeitung eingesetzt.

Dargestellt werden sollen hier das Szenische Spiel und das Animationstheater, repräsentiert durch zwei Vereine, die mit Theaterinszenierungen für Schulklassen und Jugendgruppen ihren Beitrag zum Nachdenken über den Umgang mit Gewalt leisten.

5.1 Szenisches Spiel zur Konfliktbearbeitung

Ingo Scheller entwickelte in den 1970er Jahren die Methode „Szenisches Spiel" als eine Lernform für erfahrungsbezogenen Unterricht (Scheller 1998). Stand zunächst die Nutzung des Verfahrens in der Ausbildung von Lehrern im Vordergrund, fand bald die Übertragung und Anwendung in den Feldern der Sozialarbeit statt. Eingesetzt wird das Szenische Spiel mittlerweile in vielen Bereichen: in Schulen, in der Arbeit mit Migranten, für Mitarbeiter von Pflegeberufen, in der Supervision von Sozialarbeitern und Pädagogen, in der Psychiatrie und der Mädchenarbeit (Ponick 1999, 71).

Das Szenische Spiel definiert sich als „Handeln in vorgestellten Rollen und Situationen" und unterscheidet sich in dieser Hinsicht nicht vom gängigen Rollen- oder darstellendem Spiel. Allerdings wird vorrangig mit Standbildern gearbeitet, um eine Situation in ihrem Kern verstehen und nachempfinden zu können. Folgende Elemente sind hervorzuheben:

- die Bedeutung der Einfühlung in die Rollen und Situationen, die durch detaillierte Einfühlungsübungen gefördert wird,
- die szenische Reflexion, d.h. Szenen werden im Verlauf immer wieder angehalten und analysiert,
- der Wechsel zwischen der Rolle als Spieler und Beobachter

(Scheller 2004, 2).

Im Szenischen Spiel geht es nicht nur um die Darstellung von Rollen sondern um die Entdeckung von Haltungen (Ponick 1999, 71); dazu stehen neben einer Aufklärung über das Geschehen auch die tieferliegenden Gefühle der handelnden Personen im Mittelpunkt. Einfühlung ist das Schlüsselwort des Verfahrens.

Scheller hat eine Reihe von Instrumentarien und Übungen entwickelt, um die emotionalen Anteile der Protagonisten zur

Sprache zu bringen. Das Schreiben von Rollenbiographien, die genaue Definition von Räumen, in denen agiert wird sowie die Vorstellung über die Zeit und andere Rahmenbedingungen, in der eine Szene spielt, führen die Akteure an eine realitätsnahe Ausführung heran. Sobald ein Standbild aufgebaut ist, beginnt der Spielleiter mit Einfühlungsgesprächen mit jedem einzelnen Beteiligten. Diese bringen aus ihrer Situation heraus ihre Haltung zum Ausdruck. Sie werden zu ihren Gefühlen in dieser Situation, zu ihren Beziehungen gegenüber den anderen beteiligten Personen und dazu befragt, was nun möglicherweise geschieht. Scheller geht davon aus, dass sich nach intensiven Einfühlungsgesprächen die Haltungen in der Szene kaum von denen in der Alltagssituation unterscheiden (Ponick 1999, 72).

Der Verlauf einer Arbeitseinheit im Szenischen Spiel gestaltet sich wie folgt: Jugendliche wählen eine Situation aus, in der sie mit dem Thema Gewalt konfrontiert wurden. Der Protagonist – der von dem Erlebnis berichtet – gestaltet mit drei bis vier Personen ein Standbild zur Situation. Dabei ist auf möglichst genauen Ausdruck von Mimik, Gestik und Körperhaltung zu achten. Der Spielleiter befragt jetzt jeden Spieler nach seinen Gefühlen und seinem Standort. Danach kann die Szene in den Fluss gebracht werden, wobei sie an bedeutsamen Stellen und Wendepunkten durch ein Stopp des Spielleiters oder die Beobachter angehalten werden kann, um Nachfragen zu Verhaltensweisen oder Gefühlen der Spieler zu stellen. Die Methode der Stimmenskulptur ermöglicht, die verschiedenen Gedanken einer Person bewusst zu machen. Mehrere Beobachter stellen sich dabei hinter einen Akteur und geben ihm innere Stimmen wie „Ich will hier weg“ oder „Was soll ich tun?“ Auch ein Rollentausch kann vollzogen werden. Unterschiedliche Personen in der gleichen Rolle werden sich unterschiedlich verhalten und fühlen; so geben sie Aufschluss über weitere Dimensionen der Szene.

Eine wichtige Funktion im Verlauf des Spiels nimmt der Spielleiter ein. Er beobachtet den Fluss der Szene, findet wichtige, Aufschluss gebende Stellen heraus und beleuchtet sie. Er muss darauf achten, dass die persönlichen Anteile der Spieler in den Szenen zwar zu Tage befördert und bewusst werden, aber das Setting nicht in ein therapeutisches abgleitet.

Mit dem Szenischen Spiel wird Lernen auf mehreren Ebenen möglich. Die Deutungskompetenz erweitert sich, indem Standbilder beobachtet und reflektiert werden. Die eigene Wahrnehmung wird geschärft, Deutungen können verglichen werden. Empathie und Perspektivenübernahme werden durch die Auseinandersetzung mit einer Rolle und die Bearbeitung der Szenen mit verschiedenen Reflexionsmethoden gefördert (Schröder 2001, 45).

In der Analyse von Konflikten bietet das Szenische Spiel die Möglichkeit, Täter- und Opferprofile deutlich zu machen, Hintergründe zu beleuchten und neue Ausgänge von konflikthaften Szenarien durchzuspielen sowie auf Wirksamkeit zu erproben.

Praxisbeispiel

„Konflikte – ja bitte!"
Gewaltpräventionsprojekt mit der Methode Szenisches Spiel in den 5. Klassen einer Gesamtschule, Landkreis Darmstadt

Das Projekt „Konflikte – ja bitte!" findet seit 2003 an der Otzbergschule in Lengfeld im Landkreis Darmstadt-Dieburg statt. Im Rahmen ihrer „Projektorientierten Schulsozialarbeit" bietet die Kinder- und Jugendförderung des Landkreises Schulen zwei Formen der Unterstützung: einerseits Projekte mit festgelegten Themen oder Methoden und andererseits solche, die nach Bedarfsmeldung in Kooperation von Kinder- und Jugendförderung und Schule entwickelt werden. Mögliche Themen sind Gewaltprävention, Suchtprävention, Berufsorientierung oder Lebensweltorientierung.

Das Gewaltpräventionsprojekt der Otzbergschule fällt unter die Kategorie Bedarfsorientierung, da es speziell auf die Anfrage der Schule hin in Kooperation konzipiert und den Entwicklungen angepasst wurde. Unter dem Stichwort Gewaltprävention sollen die Klassenstärkung sowie die Förderung des konstruktiven Umgangs mit Konflikten im Mittelpunkt stehen.

Das momentane Konzept beinhaltet eine einjährige Begleitung der 5. Klassen durch zwei Honorarkräfte der Kinder- und Jugendförderung. Zur Stärkung der Schülerinnen und Schüler und deren Klassengemeinschaft verwendet man vor allem Methoden der konstruktiven Konfliktbearbeitung. An derzeit sechs Projekttagen in der Schule, sowie drei Tagen Klassenfahrt in eine Bildungsstätte führen die Teamer Kooperations- und Wahrnehmungsübungen und erlebnispädagogische Einheiten durch, vermitteln Hintergrundwissen zu Konflikten und arbeiten an den alternativen Lösungsmöglichkeiten vor allem mit dem Szenischen Spiel. Verschiedene Vorgehensweisen im Szenischen Spiel wurden für die Altersgruppe vereinfacht oder speziell zugeschnitten. Beispielsweise wird zur Unterstützung des Spielleiters eine Handpuppe eingeführt, die nach Ablauf des Projektjahres als Maskottchen in der Klasse bleibt. Die Puppe übernimmt im Verlauf der Szenen die Funktion des Fragenden. Werden Szenen vom Spielleiter an wichtigen Stellen eingefroren, so setzt sich die Puppe auf die Schulter des Spielers und stellt Fragen zu den Gefühlen in der Situation.

Die Kinder spielen eigene Konflikte nach, die auch auf Video aufgezeichnet werden, um sie nachfolgend weiterbearbeiten zu können.

Am Tag der offenen Tür stellen die Schüler eine von ihnen entwickelte Szene mit drei verschiedenen Spielausgängen dem Publikum vor.

Teil des Konzepts ist eine starke Einbindung der Klassenlehrer. Von Anfang an sind sie an der Durchführung der Einheiten beteiligt. Die Kinder- und Jugendförderung stellt eine Sammlung von

Arbeitsmaterialien zur Verfügung, so dass die erarbeiteten Inhalte auch nach dem Projektabschluss von den Lehrkräften fortgeführt werden können. Der Prozess wird kontinuierlich von einem hauptamtlichen Mitarbeiter begleitet und ausgewertet.

Kinder- und Jugendförderung
Kreishaus Darmstadt
Jägertorstr. 207
64289 Darmstadt
Tel.: 06151/881-1466
E-Mail: KiJuFoe@ladadi.de
Website: www.ladadi.de/Kinder-
_und_Jugendfoerderung.163.0.html
Ansprechpartner: Martin Münch

Weitere Kontaktadressen

Die Hochschule Darmstadt, Fachbereich Sozialpädagogik hat das Szenische Spiel als Methode in die Ausbildung ihrer Studierenden integriert.

Hochschule Darmstadt
Fachbereich Sozialpädagogik
Prof. Dr. Achim Schröder
Adelungstr. 51
64283 Darmstadt
Tel.: 06151/16-8691
E-Mail: fbs@h-da.de
Website: www.fb.fh-darmstadt.de

Das Lehrangebot kann eingesehen werden unter http://www.fbs.fh-darmstadt.de/documents/lehrangebot/main.htm
Im Raum Oldenburg arbeitet der Theaterpädagoge Jörg Kowollik in der offenen Jugendarbeit und in Schulprojekten mit dem Szeni-

schen Spiel. Außerdem führt er an der Universität Oldenburg Studierende in das Verfahren ein.

Jörg Kowollik
Am Kanal 227
26203 Wardenburg
Tel.: 04486/930901
E-Mail: jkowollik@web.de

5.2 Animationstheater zu den Themen Konflikt und Gewalt

Das Animationstheater ist eine Form des Theaters, bei der die Grenzen zwischen Zuschauer und Spieler fließend sind. Die Zuschauer sollen über das Zusehen animiert werden, sich an den Szenen durch Mitreden und Mitspielen zu beteiligen (Koch/Streisand 2003, 26). Einer der klassischen Vertreter ist Augusto Boal (1989), der in Lateinamerika die Methode des Forumtheaters entwickelte, um der Landbevölkerung die Möglichkeit zu eröffnen, ihre Unterdrückungserfahrungen zu bewältigen. Schauspieler bereiteten dazu Szenen aus der Lebenswelt der Bevölkerung vor, spielten diese bis zu einem Höhepunkt, an dem Gewalt und Unterdrückung am deutlichsten wurden; und hier unterbrachen sie ihre Szene. Die Zuschauer wurden aufgefordert mit ihren ganz persönlichen Lösungsvorschlägen in die Szenen einzusteigen und Lösungen oder Veränderungen zu erproben.

Diese Variante des Theaters wird in der Kinder- und Jugendarbeit immer wieder eingesetzt. „People´s Theater" in Offenbach und die „Theaterpädagogische Werkstatt" in Osnabrück nutzen diesen Ansatz für ihre gewaltpräventiven Konzepte.

Praxisbeispiele

A) People's Theater, Offenbach
Soziales Kompetenztraining und Gewaltprävention durch Theaterinszenierungen an Schulen, Kindertagesstätten und Einrichtungen der offenen Jugendarbeit

People's Theater arbeitet an Schulen, Horten und Einrichtungen der offenen Jugendarbeit. Zielsetzung ist, ethisches Denken und Handeln via Theaterarbeit zu fördern. Angepasst auf die spezifische Zielgruppe werden Konfliktszenen aus dem Alltag präsentiert. Die Funktion der Zuschauer ist dabei aber eine andere als üblich: Sie sehen eben nicht nur zu, sondern führen Regie, machen Vorschläge zum Verlauf, die diskutiert und erprobt werden. Im Gespräch mit den Zuschauern findet der Moderator anschließend die Ursache für den Konflikt heraus, versucht aus der Vielfalt der Meinungen eine positive Lösungsmöglichkeit zu formulieren und die sozialen Kompetenzen zu benennen, die für das Lösen dieses Konflikts nötig sind. Einzelne Zuschauer werden dann ermutigt, ihre Idee schauspielerisch umzusetzen.

Zum Abschluss spielen die Schauspielerinnen und Schauspieler eine zusammenfassende „Vorbildlösung" für den Konflikt, in die möglichst viele der Anregungen aus dem Publikum einfließen werden.

Die „Show" wird für Schulklassen oder Kindergruppen aber auch als „Generationen-Show" vor Schülern, Eltern und Lehrern gespielt, um Generationen übergreifende Konflikte ins Blickfeld zu nehmen.

People's Theater wurde 2001 auf Initiative von Erfan Enayati auf der Interkulturellen Woche in Offenbach gegründet. Nach einem einjährigen Pilotprojekt erarbeitet seit dem Schuljahr 2002/2003 ein Vollzeitteam die Präsentationen.

„Peer-Education" ist dabei eine handlungsleitende Idee. Es wird von einer wesentlich größeren Nähe zur Lebenswelt des Publikums

ausgegangen, wenn Jugendliche selbst die Szenen entwickeln und spielen. Das Aktionsteam besteht derzeit aus acht jungen Erwachsenen zwischen 18 und 24 Jahren verschiedener Nationalität und Profession, die immer für ein Jahr als so genannte Vollzeit-Ehrenamtliche die Shows aufführen. Jeden Sommer wechselt das Team und wird durch einen Crashkurs in Regieführung, Theatergeschichte, Schauspielkunst, Moderation und Scriptwriting eingeführt. Die Laienschauspieler erhalten für dieses Jahr Engagement Kost und Logis, werden aber nicht bezahlt. Seit Beginn des Projektes wurden über 60 Schulen und Einrichtungen besucht, 15-20 Auftritte wöchentlich sind der Durchschnitt. Zahlreiche Schulen in Stadt und Kreis Offenbach haben People's Theater fest im Jahresablauf gebucht. Momentan wird auch in anderen Großstädten überprüft, inwieweit die Methode übertragbar ist.

Die Stadt Offenbach unterstützt das Theater finanziell und durch einen Beirat, der sich aus Experten der Jugendhilfelandschaft und Vertretern von Schulen zusammensetzt.

People's Theater e.V.
Neusalzer Str. 60
63069 Offenbach
Tel.: 069/84847533
Fax: 069/84847532
E-Mail: kontakt@peoples-theater.de
Website: www.peoples-theater.de

B) theaterpädagogische werkstatt Osnabrück: Ein theaterpädagogisches Konzept zur Gewaltprävention in Schule und Jugendarbeit

Die theaterpädagogische werkstatt Lagerhalle gGmbh, Osnabrück entstand im Jahre 1994. Die Gründer, eine Regieassistentin und ein Schauspieler, suchten nach Konzepten, um mit Theater Präventionsarbeit bei Jugendlichen und Kindern zu leisten. Als bun-

desweit einzigartiges Modellprojekt umfasst das Unternehmen mittlerweile 100 Mitarbeiter. Einsatzgebiete sind Niedersachsen und Nordrhein-Westfalen.

Das Repertoire besteht hauptsächlich aus Stücken zu Gewalterfahrungen, speziell zu sexueller Gewalt.

Zur gewaltpräventiven Arbeit an Schulen und in der Jugendarbeit entstand in Kooperation mit der Landesstelle für Jugendschutz Niedersachsen ein umfassendes Konzept. Bausteine sind eine Szenencollage mit dem Titel „Grosse Klappe, stumme Schreie" zum Thema Gewalt unter Kindern und Jugendlichen, ein theaterpädagogisches Angebot für die Arbeit mit den Schulklassen oder Jugendgruppen, Module zur Fortbildung von pädagogischen Fachkräften bzw. Eltern und Unterstützung bei der Entwicklung von weiterführenden gewaltpräventiven Konzepten in Schule und Jugendeinrichtung (theaterpädagogische werkstatt 2005). Es wird also nicht nur ein Theaterstück vorgeführt, sondern ein umfassendes Konzept zur Änderung des Umgangs mit Konflikten im Schulsystem bzw. in der Jugendarbeit vorgelegt.

Zielgruppe sind Mädchen und Jungen zwischen 10 und 14 Jahren, Lehrkräfte, Schulleiter, pädagogische Fachkräfte sowie Mütter und Väter.

Vier Schauspieler präsentieren zunächst eine Szenencollage, die vier Kinder aus unterschiedlichen Milieus zeigt. Verschiedene Gewaltsituationen aus dem Alltag der Altersgruppe werden angespielt aber nicht beendet. Danach werden die Zuschauer in geschlechtshomogene Kleingruppen aufgeteilt, um die Inhalte des Stücks emotional und kognitiv zu verarbeiten und sich einen möglichen Ausgang der Szenen zu überlegen. Die Ergebnisse der Gruppen werden im Plenum vorgeführt und diskutiert. Damit die Impulse des Stücks nachfolgend im Unterricht und in Gruppenarbeit aufgegriffen und vertieft werden können, bietet die theaterpädagogische werkstatt Fortbildungen für die Pädagogen an, um ein vor Ort angepasstes Konzept zur Gewaltprävention zu entwickeln. Themen können sein: Coolness- und Anti-Aggressivitäts-Training,

Deeskalation, geschlechtsbezogene und interkulturelle Aspekte von Gewalt, Mediation, Mobbing, Selbstbehauptung, Sozialtraining, Zivilcourage und Theaterpädagogik. Das Theaterstück dient sozusagen als Anfangspunkt gewaltpräventiver Aktivitäten und nicht als Einzelveranstaltung (Grosse Klappe 2005).

Zur Kontrolle der Qualität der Maßnahme wird das Modellprojekt im Rahmen einer wissenschaftlichen Begleitung vom arpos Institut e.V. dokumentiert und evaluiert. Für die prozessbegleitende und summative Auswertung arbeitet das Institut mit Fragebögen und face-to-face-Interviews der Schüler, Eltern und Pädagogen (Arpos 2005).

theaterpädagogische werkstatt Lagerhalle gGmbH
Lange Str. 15/17
49080 Osnabrück
Tel.: 0541/6002670
Fax: 0541/6002674
E-Mail: tpw@osanet.de
Website: www.theaterpaed-werkstatt.de

6. Training für Kinder und Jugendliche zum Umgang mit Gewalt- und Bedrohungssituationen/Zivilcouragetraining

Konflikte und Gewalt gehören zur Alltagswelt von vielen Kindern und Jugendlichen. Die in Medien spektakulär dargestellten Entführungen und Übergriffe auf Kinder, die sich im öffentlichen Raum, zum Teil sogar in Schulen abspielten, verstärkten das Bewusstsein, dass junge Menschen befähigt werden müssen, der Gewalt etwas entgegenzusetzen. Präventive Konzepte, so die Meinung vieler, müssen flankiert werden von Trainingsformen, die im konkreten Notfall das Ausmaß eines Konfliktes ermessen helfen, Wege aus dem Konflikt aufzeigen und die Selbstschutzfähigkeit erhöhen. Weiterer Anlass, besonders für die Vermittlung von Elementen aus Zivilcouragetrainings, war die zunehmend wahrgenommene Hilflosigkeit oder Unfähigkeit von Unbeteiligten in bedrohlichen Situationen einzuschreiten. Städte und Landkreise riefen gezielte Kampagnen ins Leben, die die Bevölkerung ermutigen sollen, bei Gewaltdelikten nicht wegzusehen sondern hinzusehen. Zum Teil waren diese Kampagnen die Auslöser für die Entwicklung von Trainingsmaßnahmen auch für Jugendliche.

Zivilcouragetrainings sind eher im Bereich politischer Bildung anzusiedeln, geht es doch neben dem Einschreiten darum, sich gesellschaftspolitisch einzumischen, Stellung zu beziehen und auch öffentliche Aktionen durchzuführen.

Vorgestellt werden hier das handlungsorientierte „Cool sein – Cool bleiben“-Training aus Frankfurt am Main, sowie ein Seminarkonzept des Tübinger Friedensinstituts zur Förderung der Zivilcourage.

6.1 Handlungskompetenz in Bedrohungssituationen

Praxisbeispiele

A) „Cool sein – Cool bleiben" – ein Gewaltpräventionskonzept für die Sekundarstufe

Im Rahmen der Kampagne „Gewalt – Sehen – Helfen" der Stadt Frankfurt am Main entwickelten Mitarbeiter des Kinderbüros, des Jugendamtes, Schulpsychologen des Staatlichen Schulamtes und der Jugendkoordinator der Polizei das Training „Cool sein – Cool bleiben", „ein Gewaltpräventionskonzept, das vor allem Handlungsalternativen in gewaltbesetzten Situationen aufzeigen will" (Friedrichs/Herweg/Rademacher 2005, 18).

Die Schwerpunkte des Trainings liegen in der Vermittlung folgender Inhalte:

- *Wahrnehmung von potentiellen Konfliktsituationen*
- *Verständnis der Dynamik von Gewaltprozessen*
- *Bewusstmachen von verbalem und nonverbalem Verhalten*
- *Umgang mit Stresssituationen und Risiken durch Waffen*
- *Bedingungen, die Hilfeverhalten begünstigen*

(Gewalt sehen 2005).

Die Trainings werden im Team von einem Mitarbeiter des Frankfurter Kinderbüros und einem Mitarbeiter der Polizei durchgeführt. Die Nachfrage an den Schulen war und ist sehr groß.

Zielgruppe sind Schülerinnen und Schüler der 5.-10. Klassen allgemeinbildender Schulen.

Die Inhalte sind jugendgemäß ausgerichtet und realitätsnah. In vier Bausteinen zu den Themen: Was ist Gewalt, Konflikteinstieg, Konfliktausstieg und Helferverhalten werden viele handlungspraktische Übungen und Rollenspiele durchgeführt, die das Erleben von Handlungsalternativen in Gewaltsituationen möglich machen. Ziel des Trainings ist, den Schülern zu vermitteln, dass gewaltfreier Widerstand in Bedrohungssituationen in der Regel die beste Art des Umgangs ist. „Die Prämisse des Trainings lautet: Kinder und Jugendliche, die einen bewussten Zugang zu Situationskonstruktionen, Handlungsabläufen und Risiken bei Provokationen, ungewollten, körperlichen Begegnungen (versehentliches Anrempeln) und gewalttätigen Vorfällen haben, stehen weniger in der Gefahr, sich in gewalttätige Auseinandersetzungen verwickeln zu lassen und zu verletzen bzw. selbst Opfer zu werden" (Frankfurter Kinderbüro 2005).

Im Baustein Konflikteinstieg werden unter anderem bestimmte Verhaltensweisen oder Konstellationen von Jugendlichen analysiert, die leicht zu Konflikten führen. Den Jugendlichen werden Mechanismen erklärt, die diesen Verhaltensweisen zugrunde liegen. Am Beispiel der Aufforderung „Hey du, komm mal her!" wird exemplarisch reflektiert: Was bezweckt der, der zum Herkommen auffordert? Hat er gute Absichten? Wer hat die Befehlsgewalt? Was passiert, wenn ich (nicht) „gehorche"? Muss ich wegen meiner Ehre hingehen? In der Diskussion mit der Gruppe und kleinen szenischen Darstellungen der Situationen erleben die Jugendlichen, wie sie und andere mit solchen Situationen umgehen können.

Der Baustein Konfliktausstieg führt Jugendliche in das Eskalationsstufenmodell ein und zeigt auf, an welcher Stelle eines Konfliktes die Möglichkeit des Ausstiegs besteht.

Im Baustein Helferverhalten gibt es Tipps und Hinweise, wie man als Betroffener oder Beobachter einer Gewalttat oder Bedrohung Öffentlichkeit herstellen kann und Hilfe organisiert.

Während des Trainings arbeiten die Schulklassen mit so genannten Trainingsjournals, in denen sie wichtige „Merksteine" notieren. Das Frankfurter Kinderbüro bietet „Cool sein – Cool bleiben" kostenfrei als Fortbildung für Multiplikatoren sowie für Schulklassen an. Die positive Resonanz auf das Training resultiert aus der großen Nähe des Konzepts zur realen Alltagswelt vieler Schüler und der Mischung aus pädagogischen Reflexionsübungen und der Vermittlung theoretischen Hintergrundwissens zu Kon-

fliktsituationen mit praktischen gewaltlosen Selbstverteidigungstechniken der Polizei. Vor allem die Gruppe der „Opfer“ wird durch das Training gestärkt und ermutigt.

Frankfurter Kinderbüro
Schleiermacherstr. 7
60313 Frankfurt am Main
Tel.: 069/212-39001
E-Mail: info@frankfurter-kinderbuero.de
Website: www.frankfurter-kinderbuero.de
Ansprechpartner: Rüdiger Niemann

B) Prävention im Team – ein hessisches Gewaltpräventionsprogramm mit Teambildung von Schule, Polizei und Jugendhilfe (PiT)

Der Gedanke der Vernetzung verschiedener Institutionen in der Gewaltpräventionsarbeit gewinnt an Bedeutung. So griff Hessen im Jahr 2002 die bereits erprobte Konzeption der „Prävention im Team“ aus Schleswig-Holstein und Rheinland-Pfalz auf und entwickelte daraus ein hessisches Modell. Prävention im Team (PiT) macht die Kooperation von Schule, Polizei und Jugendhilfe zur Grundlage des Handelns und verfolgt die Ziele:

- *Teambildung aus Personen von Schule, Polizei und Jugendhilfe*
- *Trainingseinheiten mit Schülern*
- *Impulse geben für die Personal-, Organisations- und Konzeptentwicklung insbesondere der Schule*

(Friedrichs/Herweg/Rademacher 2004, 11).

Inhaltlich bezieht sich PiT in Hessen in den Trainingseinheiten für die Schüler auf das bereits bewährte Programm „Cool sein – Cool bleiben“. Da „Cool sein“ bereits aus einer berufsgruppenübergreifenden Arbeitsgruppe entstand und den Gedanken der Vernetzung umsetzt, musste dieser in der PiT nur noch weiter ausgebaut werden. Voraussetzung für die Teilnahme an dem Modellprojekt ist die Bereitschaft zur Teambildung. Schulen müssen sich Kooperationspartner in Polizeidienststellen, Jugendämtern oder freien Jugendhilfeträgern suchen. Momentan beteiligen sich 16 hessische Schulen an dem Modellprojekt. Koordiniert wird PiT durch die

Lenkungsgruppe PiT Hessen im „Netzwerk gegen Gewalt"
PiT Hessen, Modellprojekt Frankfurt-Offenbach
Maximilianstr. 5
60385 Frankfurt am Main
Website: www.PiT-Hessen.de

6.2 Zivilcouragetraining

Zivilcourage wird begriffen als „das bewusste Vertreten der eigenen Wertüberzeugung unter Inkaufnahme negativer Konsequenzen" (Kapp/Scheele 1996,139 in Kuhn 2002, 213). Im Alltag werden zivilcouragiertes Auftreten auch als „sozialer Mut" oder „Bürgermut" bezeichnet (Hermann/Meyer 2004, 70). Hieß es früher sich gegen Obrigkeiten durchzusetzen liegt die Notwendigkeit heutzutage eher darin, sich über den Gleichmut der Majorität hinwegzusetzen, Verantwortung zu übernehmen und einzuschreiten. Die so genannten „non-helping-bystanders" bei Unfällen, verbalen Attacken und Gewalttaten nehmen zu. Der scheinbar so unbeteiligten Gruppe der Zuschauer kommt aber im Konfliktverlauf eine hohe Bedeutung zu, denn „die Mehrheit der ‚Zuschauer' entscheidet durch Einschreiten oder Unterlassen, wie sich eine ‚Täter'-‚Opfer'-Konfrontation entwickelt, sowohl in der sozialen wie auch letztlich in der gesamtgesellschaftlichen Situation" (Krahulec 2004, 188). Eine Förderung von zivilcouragiertem Handeln hat also für das friedvolle Zusammenleben einer

Gesellschaft eine hohe Bedeutung und kann sowohl präventiv als auch intervenierend eingesetzt werden.

Verschiedenste Trainer bieten Zivilcouragetrainings an. Zielgruppe sind in der Regel Schüler der Sekundarstufe II bis hin zu Erwachsenen. Inhaltlich sind die Trainingsformen unterschiedlich, gleich ist nur die Zielsetzung: (junge) Menschen befähigen, in Konfliktsituationen umsichtig einzugreifen.

Praxisbeispiel

Zivilcourage lernen
Analysen – Modelle – Arbeitshilfen.
Ein Seminarkonzept des Instituts für Friedenspädagogik in Tübingen

Das Tübinger Friedensinstitut entwickelte, erprobte und modifizierte ein Konzept für ein dreitägiges Seminar zum couragierten Handeln in Konfliktsituationen. Es bietet eine Einführung in die Thematik, dient aber nicht der Planung einer konkreten Aktion oder dergleichen. Es beinhaltet Informationen über Zivilcourage, das Ausloten der persönlichen Haltungen, sowie das spielerische Erproben einzelner Handlungsmöglichkeiten.
Die Lernziele sind in drei Bereiche aufgegliedert:

Bereich: „Wahrnehmen und Sehen“
- *Problemsituationen als solche wahrnehmen können.*
- *Eigene Reaktionsmuster in Problemsituationen kennen.*
- *Eigene Gefühle in Problemsituationen bewusst wahrnehmen und beschreiben.*
- *Günstige und ungünstige nonverbale und verbale Kommunikationsformen identifizieren können.*
- *Die Verbindung und Verquickung von Opfer, Täter und Zuschauer erkennen.*

Bereich „Verstehen und Beurteilen“
- *Kennen und Verstehen der eigenen Reaktions- und Handlungsmöglichkeiten.*
- *Bedingungen des eigenen und fremden Eingreifens kennen und verstehen.*
- *Die Möglichkeiten und Grenzen eigenen Verhaltens kennen.*
- *Auseinandersetzung mit eigenen Ängsten.*
- *Klärung des eigenen Verhältnisses zum Gehorsam.*
- *Eskalations- und Deeskalationsmechanismen kennen.*

Bereich „Handeln“
- *Verantwortung für das eigene Handeln übernehmen lernen.*
- *Über ein Handlungsrepertoire für Problemsituationen verfügen.*
- *In Konflikt- und Gewaltsituationen rational handeln können.*
- *Erkennen der eigenen Motive für das Handeln.*
- *Das persönlich (richtige) Maß an Zivilcourage finden.*

(Meyer u.a. 2004, 300-301).

Methodisch werden Diskussionsgruppen, Übungen zur Selbstexploration und auch theaterpädagogische Formen angewandt.

7. Medienpädagogische Angebote

Multimedia hat Einzug in alle Bereiche der Bildung gehalten. Bereits in Kindergärten wird der Umgang mit dem Computer gelernt, jede Schule verfügt über Computerarbeitsplätze, Jugendeinrichtungen arbeiten mit Videokameras und dem Internet. Aus der Freizeit der meisten Jugendlichen sind die Medien nicht mehr wegzudenken. Von Pädagogen und Pädagoginnen eingesetzt werden sie sowohl rezeptiv (Vorführung von Filmen, Besuch von Websites) als auch aktiv (Gestaltung eigener Produkte). Dabei zielen die medienpädagogischen Angebote auf zweierlei ab: die Auseinandersetzung mit einer Thematik in Verknüpfung mit dem Erwerb von Medienkompetenz. Kinder und Jugendliche sollen zu einem selbstbestimmten und reflektierten Umgang mit den Medien befähigt und zur eigenständigen Nutzung der Medien angeregt werden (Anfang 2001, 11). Medienkompetenz wird im digitalen Zeitalter als eine Investition in die Zukunft gesehen. Die gewaltpräventive Arbeit nutzt Computer und Video als ein wichtiges Instrument, Jugendliche zu motivieren, sich mit Gewalt und Konflikten auseinanderzusetzen und Räume zu schaffen, in denen junge Menschen ihre Sichtweise und Lebenswelt in jugendspezifischer Ästhetik zum Ausdruck bringen können.

In den letzten Jahren sind eine Reihe von fachmännischen Internetseiten, Video- und CD-ROM-Produktionen entstanden, die oft besonders den Aspekt der Peer-Education berücksichtigen. Einige sollen hier vorgestellt werden.

7.1 Aktive Videoarbeit mit und für Jugendliche

Das Produzieren von Videos oder DVD-Filmen mit Jugendlichen hat in den letzten Jahren stark zugenommen. Durch die einfache Handhabung von Schneide- und Bildbearbeitungsprogrammen am Computer ist die Methode auch mobil nutzbar. Filme können überall gedreht und bearbeitet werden. Im Hinblick auf das Bildungsziel der Methode steht aber eigentlich das zu erstellende Drehbuch im Vordergrund, also die inhaltliche Erarbeitung des Problemfeldes.

Praxisbeispiel

Das Medienprojekt Wuppertal

Das Medienprojekt Wuppertal fördert als Modellprojekt seit 1992 aktive Jugendvideoarbeit. Die Produzentinnen und Produzenten der Filme sind in der Regel zwischen 14 und 28 Jahren und kommen aus allen Schichten, Religionen und Kulturen. Der Verein (ursprünglich eine städtische Einrichtung) unterstützt pädagogische Einrichtungen (Schulen, Jugendzentren, Beratungsstellen) oder private Gruppen bei der Produktion ihres eigenen Films. Den Gruppen werden nötiges Equipment und personelle Unterstützung zur Verfügung gestellt. Inhaltlich gibt es keinerlei Vorgaben. Trotzdem hat sich das Wuppertaler Medienprojekt selbst thematische Schwerpunkte gesetzt; diese sind Gewalt, Interkulturelles und sexuelle Aufklärung.

Großen Wert legt der Verein auf die Veröffentlichung der Produkte; so werden alle Filme bei kleinen Festivals oder Kinoabenden in Wuppertaler Schulen, Theater, Kinos oder Jugendeinrichtungen vorgeführt. Ein Eigenverlag vertreibt einen Teil der Produkte bundesweit. Jährlich produzieren ca. 1000 Jugendliche an die 100 Videos und präsentieren diese vor einem Publikum von 5- bis 8000 Jugendlichen. Bundesweit erreichen die Filme ca. 100.000 Zuschauer. Das Erstellen der Filme ist für die Jugendlichen kostenlos. Der Verein verfügt über einen hauptamtlichen und 15 freiberufliche Mitarbeiter und finanziert sich über städtische Gelder, Eigen- sowie Drittmittel.

Zum Thema Gewalt an Schulen und Mobbing wurde der Dokumentarfilm „Du bist schlimm!" von der 8. Klasse eines Wuppertaler Gymnasiums gedreht. Der Film dokumentiert den Zerfall einer Klasse, die wegen drastischer Mobbing-Vorfälle aufgelöst werden musste. In Interviews mit den Mobbern, den Gemobbten und angeblich Unbeteiligten, erzählen die Täter, warum sie Lust an der Gewalt haben; die Opfer berichten von dem, was ihnen angetan wurde, von den ausgelösten Gefühlen und von den Folgen für ihr Leben. Die Gruppe der Unbeteiligten muss sich der Frage stellen, weshalb sie nicht eingeschritten sind. Die einzelnen Haltungen stehen unkommentiert nebeneinander; Schnitte an den jeweils brisantesten Stellen erzeugen eine hohe Betroffenheit. Für die Nacharbeit in den Schulklassen oder Jugendgruppen steht eine Sammlung von Arbeitsblättern in einem Medienpaket zur Verfügung.

Medienprojekt Wuppertal
Hofaue 59
42103 Wuppertal
Tel.: 0202/5632647
Fax: 0202/4468691
E-Mail: borderline@wuppertal.de
Website: www.medienprojekt-wuppertal.de
Ansprechpartner: Andreas von Hören

7.2 Der Computer als rezeptives Medium

Der Computer wird in der Jugend- und Bildungsarbeit vielfältig genutzt. Dazu gehören Unterweisungen in der Handhabung des Computers und der verschiedenen Softwares, die Nutzung des Internets im Bildungsbereich vor allem als Informationsquelle und in Freizeitangeboten als Kommunikationsmittel; der Computer ist nicht mehr wegzudenken. Die Jugendarbeit nutzt die neuen Medien, um Zugang zu Jugendlichen zu gewinnen oder ihn halten zu können.

7.2.1 Beratungs- und Informationsangebote im Internet zu Gewalt und Extremismus

Das Internet hat sich zu einem wichtigen Ort entwickelt, in dem Jugendliche sich „aufhalten" und ansprechbar sind für Informationen oder Beratungsangebote. Die Niederschwelligkeit ist durch die Anonymität in höchstem Maße gewährleistet, man kann sich unerkannt informieren und in Foren oder Chatrooms mit Gleichgesinnten oder Experten austauschen.

Online-Beratung bekommt in der Sozialarbeit einen immer größeren Stellenwert (Gehrmann 2005). Es gibt zahlreiche Internetseiten, die Beratung speziell für Jugendliche anbieten. In der Regel sind diese Angebote umfassend und decken jugendspezifische Themen, wie Liebe und Sexualität, Identität, Schulprobleme und auch Gewalt ab. Es werden Einzel- und Gruppenchats, E-Mail-Beratungen und Diskussionsforen angeboten. Teilweise beraten auch hier Peers unter Begleitung durch Fachpersonal die Ratsuchenden.

Einige Beispiele sind der Schülernotruf des Vereins Internet Notruf e.V. (www.schueler-notruf.de), die Jugendberatung der Bundeskonferenz für Erziehungsberatung (www.bke-sorgen chat.de) oder die Kids-Hotline der Fachhochschule für Sozialpädagogik in Benediktbeuren, die mit einem 20-köpfigen Fachteam Jugendliche bis 21 Jahre berät (www.kids-hotline.de). Einige Anbieter spezialisieren sich auf bestimmte Themen und verbinden das Beratungsangebot mit Wissensvermittlung. Die Seite „Basta-net. Sag Nein zur Gewalt" der Arbeitsgemeinschaft Jugend und Bildung ist hierfür ein Beispiel.

Praxisbeispiel

BASTA-net: Mach mit – Sag Nein zur Gewalt
Eine Kommunikations- und Beratungsplattform zu Gewalt und Extremismus

Basta-net ist eine relativ neue Internetseite zu allen Fragen und Problemen bezüglich Gewalt und Extremismus. Sie richtet sich an Mädchen und Jungen zwischen 13 und 17 Jahren, Opfer, Zeuginnen und Zeugen von Gewaltakten, Täterinnen und Täter. Ihnen stehen auf der Website Berater zur Seite, die mit ihren Tipps Mut für einen couragierten Umgang mit Gewalt und Extremismus im Alltag machen.

Die Website konzipierte die Arbeitsgemeinschaft Jugend und Bildung e.V. in Kooperation mit dem Bundesministerium für Familie, Senioren, Frauen und Jugend, entimon, dem DGB und der Deutschen Sportjugend. Der Arbeitsgemeinschaft gehören Expertinnen und Experten der Kultusministerien der Länder, der Sozialpartner und des Europäischen Parlaments an. Die Homepage der Arbeitsgemeinschaft bietet Lehrern, Eltern und Schülern generell Informationen und Materialien zu Schule, Unterricht und Jugendhilfe. Ein spezielles Angebot zum Umgang mit Gewalt ist „basta-net".
Das Menü von „basta-net" beinhaltet eine Community, in der Jugendliche von montags bis freitags zwischen 14 und 17 Uhr chatten und sich beraten lassen können. Monatlich wechseln die Schwerpunktthemen, zu denen Livechats stattfinden. Expertinnen und Experten aus der Region betreuen diese und stehen danach noch für einen Monat per E-Mail für Beratungen zur Verfügung. In den Rubriken Ratgeber und Wissen erhält man Verhaltenstipps in Gefahrensituationen oder bei Mobbing, sowie Informationen zu Ursachen von Gewalt und Extremismus. Jugendgemäße Tests zu Vorurteilen und zur Zivilcourage geben Aufschluss über die eigene Position.

Jugendliche können sich den Newsletter der Website bestellen und werden dann regelmäßig über die Monatsthemen und die verantwortlichen Experten informiert.

Die Universität Leipzig evaluiert die Internetseite, Pre-Tests wurden bereits durchgeführt, endgültige Ergebnisse werden aber erst gegen Ende 2006 erwartet [13].

Herausgeberin:
Arbeitsgemeinschaft Jugend und Bildung e.V.
Geschäftsstelle Wiesbaden
Taunusstr. 54
65183 Wiesbaden

Tel.: 0611/9030-0
Fax: 0611/9030-325
E-Mail: redaktion@jugend-und-bildung.de
Website: www.jugend-und-bildung.de
www.basta-net.de

13 Telefonische Auskunft Frau Minarek, Koordinatorin der Website am 20.02.06

7.2.2 Lernsoftware

Lernsoftware hat einen großen Markt und ist nicht mehr nur auf das Nacharbeiten von Unterrichtseinheiten beschränkt. Das Spektrum erweitert sich zunehmend von den klassischen Schulfächern auf den ganzen Bereich der Bildung. Software der unterschiedlichsten Hersteller wird zur Wissensvermittlung bereits im Unterricht angewendet. Das Thema Gewalt und Konflikt wurde unter anderem vom Institut für Friedenspädagogik multimedial aufgearbeitet.

Praxisbeispiel

CD-ROMs als multimedialer Lernort
Konflikte XXL und Konflikte XXL Global – Konstruktive Konfliktbearbeitung als Gewaltprävention

In Kooperation mit der Bundeszentrale für politische Bildung und der Aktion „Brot für die Welt" hat das Institut für Friedenspädagogik didaktische Arbeitsmittel für die Bildungsarbeit erstellt. Auf den beiden CD-ROMs „Konflikte XXL" und „Konflikte XXL Global" werden wichtige Fragen, Daten und Hintergründe zum Themenfeld Konflikt dargestellt. Zielgruppe sind Multiplikatoren im schulischen, außerschulischen und betrieblichen Bereich, sowie Träger in kommunaler Verantwortung. Außerdem ist das Medium für Einzelpersonen, Eltern und Schüler ab Sekundarstufe I eigenständig nutzbar. Grundlage der mediendidaktischen Konzeption ist die Verbindung von multimedialen Lerneinheiten mit schriftlichen Informationen und Arbeitsmaterialien.

Jeder der Themenbereiche wird durch vier Ebenen erschlossen:
1. *Vielseitige Lerneinheiten in denen Text, Bild, Ton und Videosequenzen sich abwechseln, laden zur Auseinandersetzung mit dem gewählten Thema ein.*

2. *Zusätzlich abrufbare Hintergrundinformationen vertiefen das erworbene Wissen.*
3. *Für Lehrer gibt es eine Fülle an Arbeitsmaterialien für den Unterricht, die ausgedruckt werden können.*
4. *Der Servicebereich bietet Literaturlisten, Adressen und Links zu den Themengebieten.*

Zusammengefasst lassen sich die schriftlichen Hintergrundinformationen als ein „Handbuch zur Konfliktbearbeitung" begreifen, das ausgedruckt 1300 Seiten umfassen würde, so die Autoren in ihrer Einführung. Die CD-ROMs können zur Einarbeitung der Multiplikatorinnen und Multiplikatoren in die verschiedenen Themenbereiche, als auch in Ausschnitten zum Einsatz im Unterricht oder der Gruppenarbeit genutzt werden. So genannte „Guided Tours" führen durch das Programm, möglich sind aber auch assoziative Sprünge.

Die Themenfelder der CD „Konflikte XXL" ermöglichen die Auseinandersetzung mit den Bereichen Konfliktbearbeitung, Mediation und Gewaltprävention und vermitteln Grundwissen über Kommunikation, Gewalt und Konflikte. Auf „Konflikte XXL Global" dreht sich alles um internationale Konflikte wie die folgende Themenauswahl zeigt: Panorama der Konflikte, Zivile Konfliktbearbeitung, Konflikt und Empowerment, Rüstung und Militär, Zivilisierung, Krieg und Medien und PEACE COUNTS.

Ziel des Mediums ist nicht nur die Informationsvermittlung, sondern vielmehr die Auseinandersetzung und die Befähigung zum (alternativen) Handeln in Konflikten.

Inhaltlich sind die CDs anspruchsvoll und abwechslungsreich gestaltet. Die Textpassagen sind kurz und nicht überfrachtet, Textstellen werden immer wieder vorgelesen. Enthalten sind auch kurze Theaterszenen bei denen unterschiedliche Szenenverläufe angeklickt und die daraus resultierenden Ergebnisse eingesehen werden können. Zitate und Aufnahmen aus TV-Produktionen oder Nachrichten stellen den Realitätsbezug her.

Auf seinem hohen intellektuellen Niveau ist das Medium nur für eine begrenzte Gruppe von Jugendlichen geeignet.

Konflikte XXL und Konflikte XXL Global
Herausgeber:
Günther Gugel, Uli Jäger, Christoph Lang
Institut für Friedenspädagogik Tübingen e.V.
Bundeszentrale für politische Bildung, Bonn
Aktion „Brot für die Welt"
Institut für Friedenspädagogik Tübingen e.V.
Correnssstr. 12
72076 Tübingen
Tel: 07071/920510
Fax: 07071/9205111
E-Mail: kontakt@friedenspaedagogik.de
Website: www.friedenspaedagogik.de

Die CD kann bei der Bundeszentrale für politische Bildung in Bonn gegen eine Schutzgebühr bestellt werden (www.bpb.de).

7.3 Der Computer als aktives Medium

Aktive Computerarbeit nutzt den Computer als Werkzeug zur Herstellung eigener Produkte und als Ort, an dem veröffentlicht werden kann. Jugendliche können das Netz aktiv als eine Bühne zur Präsentation ihrer Meinung, aber auch zur gesellschaftlichen Partizipation oder politischen Einmischung nutzen.

Praxisbeispiel

„Hyperlinks gegen Rechts" – aktive Computerarbeit zur Förderung politischer Partizipation von Jugendlichen

Ein Kooperationsprojekt der Bildungsstätte Alte Schule Anspach e. V., des Gallus-Medienzentrums sowie dem Bund Deutscher PfadfinderInnen (BDP) e. V., Frankfurt am Main

„Hyperlinks gegen Rechts" ist eine Internetplattform gegen Rechtsextremismus und Fremdenfeindlichkeit. Die Autorinnen und Autoren und Administratoren der Website sind Jugendliche, unterstützt durch Bildungsreferenten der Projektpartner. Zweimal jährlich finden mehrtägige Redaktionssitzungen statt, bei denen die Homepage mit einer festen Gruppe Jugendlicher konzipiert und fortlaufend aktualisiert wird. Die Besucher der Website erhalten differenzierte Informationen zu rechter Musik, Symbolen und Gruppierungen und können sich im Gästebuch zu aktuellen Themen äußern. Kommentare zu den Beiträgen im Gästebuch werden von der Gruppe der verantwortlichen Jugendlichen diskutiert und beantwortet. Unter der Rubrik „Aktuelles" präsentieren sich weitere Produkte aus Seminarwochen, die mit anderen Jugendgruppen zum Thema durchgeführt wurden, z.B. die O-Ton-Mitschnitte einer Befragung in der Frankfurter Innenstadt zu ausländerfeindlichen Tendenzen in der Bevölkerung.

Neben der Aufklärung steht die politische Einmischung der Jugendlichen im Vordergrund. Eine Vernetzung antirassistischer

Gruppen sowie die Nutzung der Homepage als lokales Netzwerk zum Engagement gegen rechte Gruppierungen soll angeregt werden.

Bildungsstätte Alte Schule Anspach
Schulstr. 3
61267 Neu-Anspach
Tel.: 06081/41772
Fax: 06081/960083
E-Mail: ReinerHartel@alteschuleanspach.de
Homepage: www.alteschuleanspach.de
www.hyperlinks-gegen-rechts.de

7.4 Hörfunk als Medium

Praxisbeispiel

Jugendradio gegen Gewalt – ARA Berlin

Der Kinder- und Jugendverband der Sozialistischen Jugend Deutschlands – Die Falken begründete in Berlin ein Jugendradio gegen Rassismus mit dem Namen „ARA Berlin". Anliegen ist es, Themen wie rassistische Diskriminierung, rechtsextreme Umtriebe oder die nationalsozialistische Vergangenheit mit Jugendlichen zu bearbeiten und die Möglichkeiten eines politischen Engagements für mehr Toleranz aufzuzeigen. Verbunden wird die thematische Arbeit mit einer Einführung in die Methoden und technischen Voraussetzungen des Rundfunkjournalismus. „ARA Berlin" bietet zwei Bausteine, die Jugendliche im Hinblick auf Rassismus in ihrer Umwelt sensibilisieren, ihnen Strategien zum Eingreifen in rassistischen Übergriffen vermitteln und sie zu politischen Aktivitäten veranlassen.
Baustein 1: Konzeption und Durchführung einer öffentlichen Veranstaltung, z. B. einer Podiumsdiskussion mit Politikern, die

dann audiovisuell aufgezeichnet wird. Aus den Audiomitschnitten entsteht ein Radiobeitrag.

Baustein 2: Jugendliche erkunden ihre Schule oder ihr Stadtviertel in Bezug auf interkulturelles Zusammenleben. Die Ergebnisse werden sowohl in der Schule oder dem Jugendzentrum präsentiert als auch zur Grundlage einer Radiosendung gemacht.

Jeden zweiten Sonntag im Monat ist Radio ARA von 18 bis 19 Uhr auf Sendung (97,2 MHz). Interessierte Jugendliche finden sich jeweils freitags zu dreistündigen Redaktionssitzungen zusammen, um die Sendebeiträge vorzubereiten. Die Inhalte ergeben sich aus den Aktionen der Bausteine, und sie können Moderationen, ein Quiz oder die Vorstellung antirassistischer Gruppen und Aktionen aus Berlin umfassen.

Des Weiteren hat sich unter ARA Berlin eine antirassistische Video- und Clip-Gruppe von Jugendlichen im Alter von 16 bis 21 Jahren gebildet, die in Kurzfilmen über Diskriminierung, Ausgrenzung und rechte Gewalt informieren wollen. Die Beiträge werden im Offenen Kanal Berlin gesendet.

ARA-Berlin
SJD – Die Falken
Rathenower Str. 16
10559 Berlin
Tel.: 030/2805127
Fax: 030/2826498
E-Mail: ara@falken-berlin.de
Website: www.falken-berlin.de

8. Opferhilfe

Gewalttaten produzieren Opfer. In den Medien, dem Justizwesen und zum Teil auch der Pädagogik stehen der Täter und seine Behandlung, Veränderung und Bestrafung im Vordergrund. Wenige Programme richten ihren Fokus auf die Opfer und bieten Beratung, Rechtsbeistand und Therapie.

Praxisbeispiel
Der WEISSE RING

Der WEISSE RING ist als gemeinnütziger Verein zur Unterstützung von Kriminalitätsopfern und zur Verhütung von Straftaten seit 25 Jahren bundesweit tätig. Es ist die größte und bekannteste Organisation, die sich der Zielgruppe der Opfer zuwendet.

Die Mitarbeiterinnen und Mitarbeiter bieten Opfern von Straftaten und ihren Familien an 400 Außenstellen unmittelbare Hilfen. Außerdem tritt der Verein öffentlich für die Verbesserung der rechtlichen und sozialen Situation der Geschädigten ein und unterstützt Projekte der Schadenswiedergutmachung und den Täter-Opfer-Ausgleich.

Die Hilfe wird wie folgt gewährleistet:
- *Persönliche Betreuung*
- *Beratungsschecks für anwaltliche und medizinisch-psychologische Erstberatung*
- *Begleitung zu Gerichtsterminen*
- *Hilfestellung im Umgang mit Behörden*
- *Gewährung von Rechtsschutz zur Wahrung von Opferschutzrechten im Strafverfahren und zur Durchsetzung sozialrechtlicher Ansprüche nach dem Opferentschädigungsgesetz*
- *Finanzielle Unterstützung zur Überbrückung der Tatfolgen*

- *Erholungsmaßnahmen für Opfer und ihre Familien*
- *Vermittlung von Hilfen anderer Organisationen*

(WEISSER RING 2004).

Auf seiner Internetseite bietet der Verein eine psychotherapeutische Beratung online an. Jugendliche wie auch Erwachsene können die Angebote wahrnehmen.

Die Leitmotive des WEISSEN RINGS sind Humanität, Solidarität und praktische Unterstützung der Opfer. Der Verein engagiert sich politisch für eine bundesweit einheitliche Umsetzung des Opferschutzes, da die Bundesländer finanziell sehr unterschiedlich ausgestattet sind. Des Weiteren erstellt und vertreibt der WEISSE RING Broschüren zur Aufklärung über verschiedene Gewaltphänomene wie Stalking und zur Prävention, zu gewaltfreier Erziehung und zur Mediation an Schulen.

WEISSER RING
Bundesgeschäftsstelle
Weberstr. 16
55130 Mainz
Tel.: 06131/8303-0
E-Mail: info@weisser-ring.de
Website: www.weisser-ring.de

Weitere Vereine sind nicht bundesweit organisiert, bieten vielmehr regional Hilfen an. In Hessen sind dies die Gießener Hilfe, die Hanauer Hilfe, die Kasseler Hilfe, die Wiesbadener Hilfe und das Trauma- und Opferzentrum Frankfurt e.V.

Die Angebote entsprechen in etwa denen des WEISSEN RINGS.

9. Zielgruppenspezifische Einordnung der Verfahren und Methoden

Abschließend soll nun hier eine zielgruppenspezifische Einordnung der Verfahren, Unterverfahren und Methoden versucht werden, um deren Anwendungsmöglichkeiten herauszuheben. Teilweise sind mehrfache Zuordnungen nötig, da einige Verfahren unter verschiedenen Schwerpunkten eingesetzt werden können und deshalb mit jeweiliger Begründung mehrmals aufgelistet erscheinen.

Wir haben die Zielgruppen in vier Kategorien eingeteilt: alle Jugendlichen; die Gruppe der auffälligen Jugendlichen; die Gruppe der bereits straffällig Gewordenen und besonders Gefährdeten; die Multiplikatorinnen und Multiplikatoren. Den von anderen Autoren verwendeten Kategorien, primäre, sekundäre und tertiäre Prävention, haben wir uns hier nicht im engeren Sinne angeschlossen, weisen aber auf ihre Entsprechung hin.

Zielgruppe 1:

Alle Kinder und Jugendlichen

Die Angebote richten sich an die Kinder und Jugendlichen wie sie in Schule und Jugendarbeit anzutreffen sind. Im Zentrum der Verfahren und Methoden stehen Stärkung und Erweiterung sozialer und emotionaler Kompetenzen, Stärkung der Schutzfaktoren (gegen Delinquenz) und auch die Anregung zur Reflexion.

(auch primäre Prävention genannt)

- FAUSTLOS
- Lions-Quest
- Mediation, verstanden als persönliche Kompetenzerweiterung der Jugendlichen

- Mitternachtssport (wenn er für alle geöffnet ist)
- Kampfkunst
- Erlebnispädagogik
- Adventure Based Counseling
- Cool sein – Cool bleiben
- Medienpädagogische Angebote
  - Videoarbeit
  - Internetseiten
  - Lernsoftware
  - Radio
- Szenisches Spiel
- Animationstheater

Zielgruppe 2:

Kinder und Jugendliche, die bereits sozial auffällig wurden und abweichendes Verhalten zeigen

Neben der Stärkung der sozialen und emotionalen Kompetenzen, rückt hier auch die Bearbeitung der als abweichend bezeichneten Verhaltensweisen in den Mittelpunkt.

(auch sekundäre Prävention genannt)
- Mitternachtssport, wenn er in sozialen Brennpunkten für spezielle Jugendliche angeboten wird
- Coolness-Training
- Mediation im Fußball (da sie erst nach heftigen Auseinandersetzungen eingesetzt wird)
- Sozialer Trainingskurs (im Hilfeplan verankert)
- Online-Beratung (für Täter, gewaltbereite Jugendliche)
- Szenisches Spiel
- Cool sein – Cool bleiben (spricht auch explizit die Gruppe der Täter an)

Zielgruppe 3:

Jugendliche, die bereits straffällig wurden, besonders gefährdet sind

Hier stehen Re-Integration in die Gesellschaft sowie die Vermeidung erneuter Straffälligkeit im Mittelpunkt. Diese Verfahren implizieren vielfach eine intensive Auseinandersetzung mit der eigenen Delinquenz und dem Aufbau von alternativen, prosozialen Handlungsformen. In der Regel handelt es sich um längerfristige Projekte (mit Ausnahme des TOA).

(auch tertiäre Prävention genannt)

- Anti-Aggressivitäts-Training
- Täter-Opfer-Ausgleich
- Kampfkunst (z.B. im Strafvollzug)
- Trainingscamp Lothar Kannenberg
- Erlebnispädagogik im Rahmen von intensivpädagogischen Maßnahmen
- Sozialer Trainingskurs (nach Weisung des Jugendgerichtsgesetzes)
- DENKZEIT

Zielgruppe 4:

Multiplikatorinnen und Multiplikatoren

Die Schulung von Multiplikatorinnen und Multiplikatoren bildet in einigen Verfahren, wie der Mediation, das Zentrum. Pädagogen bzw. Jugendliche selbst sollen die Inhalte anwenden und umsetzen.

Andere Verfahren zielen auf eine Kompetenzerweiterung der Pädagoginnen und Pädagogen ab, den im Arbeitsfeld entstehenden Konflikten konstruktiver und professioneller zu begegnen. Nähere Ausführungen zu den Angeboten für diese Zielgruppe – sowohl im Hinblick auf Trainingsmodelle wie auch auf Fortbildungen zu den jeweiligen Verfahren – finden sich in Kapitel III.

- Mediation (Peer-Mediatorenausbildung)
- Zivilcouragetraining
- Szenisches Spiel
- Konstanzer Trainingsmodell
- PART® (Professional Assault Response Training)

III. Weiterbildung und Forschung

1. Trainingsmodelle für Pädagogen

Während viele Konzepte den Jugendlichen und sein Verhalten bzw. dessen Modifikation in das Zentrum stellen, gibt es auch einige, die sich auf das Training von Pädagoginnen und Pädagogen spezialisiert haben. Hintergrund der Programme ist die Auffassung, dass ein geschulter Pädagoge durch seine professionellere Sicht und einer dementsprechenden Umgehensweise Konflikte entweder bereits entschärfen oder sogar verhindern kann. Hier sollen zwei Modelle etwas ausführlicher dargestellt werden: das Konstanzer Trainingsmodell als kognitiv-verhaltensorientiertes Selbsthilfeprogramm für Lehrkräfte und das Professional Assault Response Training® als Handlungsleitfaden für den professionellen Umgang mit Gewaltsituationen. Eine weitere Form wären die so genannten Deeskalationstrainings, die auf Methoden der gewaltfreien Lösung eines Konflikts, auf die Verhinderung oder Unterbrechung direkter Gewaltausübung und die Verhinderung destruktiver Prozesse setzen, um konstruktive Klärungen zu ermöglichen. Deeskalationstrainings wurden z.B. von Korn und Mücke oder an der Gewalt Akademie Villigst (www.gewaltakademie.de) entwickelt (Korn/Mücke 2000, 34).

1.1 Das Konstanzer Trainingsmodell (KTM) für Lehrer

Das Konstanzer Trainingsmodell ist ein Selbsthilfeprogramm für Lehrer, das Ende der 1980er Jahre an der Universität Konstanz von Psychologen entwickelt wurde. Ziel des Trainings ist es, störende aggressive Interaktionen während der Schulstunden zu verringern. Dabei geht es sowohl um Konflikte unter Schülern als auch zwischen Lehrern und Schülern. Pädagogen sollen an Selbstsicherheit und Zufriedenheit gewinnen, ihr Wissensrepertoire vergrößern und Strategien für den Umgang mit Störungen erlernen. Die Stoßrichtung des Programms liegt auf primär- und sekundärpräventiven Maßnahmen, es ist nicht geeignet zur Intervention bei gravierenden Problemen oder zur (Re-)Sozialisierung besonders problembelasteter Schüler (Dann/Humpert 2002, 215). Das KTM zielt auf Kompetenzerweiterungen auf kognitiver Ebene (wahrnehmen, kategorisieren, bewerten) als auch auf die Verhaltensebene (Erproben neuer Verhaltensmuster) ab. Ein 380-seitiges Handbuch umfasst das gesamte Trainingsprogramm; seit 2001 liegt eine gekürzte Fassung, das „KTM kompakt" Basistraining, vor (Humpert/Dann 2001).

Bezugspunkt des Trainings sind die so genannten „handlungssteuernden subjektiven Theorien" der Trainierenden (ebd., 218). Lehrer haben durch langjährige Berufspraxis erworbenes Expertenwissen, das auch Theorien zur Entstehung von Aggression und pädagogische Konsequenzen umfasst. Diese Theorien sollen im Verlauf des Trainings bewusst gemacht und gegebenenfalls modifiziert werden.

Ein handlungstheoretisch begründetes Modell, das jede Lehrerreaktion auf störendes Verhalten im Unterricht in vier Phasen unterteilt, dient der Analyse:

A Situationsauffassung
Wahrnehmung und Interpretation des Schülerverhaltens

B Handlungsauffassung
Auswählen der Reaktion

C Handlungsausführung

D Handlungsergebnisauffassung
Bewertung des Erfolges anhand des angestrebten Zieles

Innerhalb dieses Phasenmodells sind sehr unterschiedliche Reaktionen möglich. Ein Lehrer kann z.B. das Ziel (A) haben, den Unterricht möglichst störungsfrei fortzuführen oder die Hintergründe für das Verhalten des Schülers herauszufinden. Daraus werden jeweils sehr unterschiedliche Reaktionen und Ergebnisse (B bis D) resultieren. Der Lehrer kann den Schüler beispielsweise hinausschicken oder Zeit für ein persönliches Gespräch finden.

Das KTM regt den Lehrer an, das eigene Verhalten zu reflektieren, Konflikte detailliert anhand des Phasenmodells zu analysieren und das Handlungsrepertoire zu erweitern.

Dies geschieht in fünf Schritten. Wichtige Voraussetzung für die Arbeit sind hierbei die so genannten Tandems. Aus dem Kollegium wird ein Partner ausgewählt, der für Unterrichtsbeobachtungen und Reflexionsgespräche zur Verfügung steht.

Phase 1: Kollegialer Unterrichtsbesuch mit Beobachtungsprotokoll

Hier nimmt der Tandempartner am Unterricht teil und notiert anhand des KTM-Beobachtungsbogens Wichtiges zu den Interaktionen zwischen Lehrer und Schüler.

Phase 2: Kurzinterview und Rekonstruktion am Beispiel

Der Hospitant interviewt den Lehrer zum Verlauf der Stunde. Eine nicht zufriedenstellende Interaktion mit einem Schüler wird beispielhaft anhand eines vorgefertigten Rekonstruktionsschemas nach Gedanken und Ansichten, Verhalten und Gefühlen aus der speziellen Sicht von Lehrer und Schüler analysiert.

Phase 3: Bearbeitung eines Trainingsbausteins

Die Trainingseinheiten bestehen aus fünf Bausteinen, die unterschiedlich gewichtet sind:

- Beobachten, Unterscheiden, Bewerten, Verstehen
- Ursachen und Ziele
- Kommunikation verbessern
- Zeit gewinnen durch Handlungsunterbrechung
- Handlungsspielraum erweitern

Die subjektiven Theorien zum eigenen Unterrichtshandeln stehen in Phase 1 und 2 im Mittelpunkt und werden im Trainingsbaustein mit wissenschaftlichen Theorien und den Folgerungen für die Praxis konfrontiert. Dabei wählt jeder Lehrer die für ihn passende perspektivisch gewinnbringende Alternative aus.

Phase 4: Durchführung einer Praxisübung und Planung einer Handlungsalternative
Im Rollenspiel werden andere Verhaltensweisen ausprobiert, z.B. auf die Kommunikationsform zu achten oder weniger auf Noten hinzuweisen. Es erfolgt ein weiterer Unterrichtsbesuch des Partners, der die Umsetzung des geplanten Verhaltens und deren Erfolg beobachtet.

Phase 5: Umsetzung der Handlungsalternativen im Unterricht
Im Auswertungsgespräch wird erneut reflektiert, ob die Verhaltensänderung des Lehrers umsetzbar und wirksam war (Humpert 2001, 50 f.).

Als Leitfaden bietet das Handbuch 27 Vorschläge zur konkreten Handlungsänderung, wie störenden Interaktionen begegnet werden kann. Die Vorschläge sind fünf psychologisch begründeten Reaktionsformen zum störenden Verhalten zugeordnet:

1. Unerwünschtes Verhalten hemmen (kurzfristige Strategie)
2. Negative Anregung verändern (präventiv)
3. Positive Anregung anbieten (präventiv und kurzfristig)

4. Persönliche Bewertung und Sichtweise verändern (langfristig)
5. Erwünschtes Verhalten fördern (langfristig)

Die Loseblattsammlung wird von den Tandems im eigenen Rhythmus durchgearbeitet. Der Austausch erhält einen sehr hohen Stellenwert im Programm. Dabei können sich die Kollegen aus dem Handbuch die Einheiten auswählen, die auf ihre ganz spezielle Situation zutreffen. Das KTM ist ein In-vivo-Training, d.h. die Inhalte werden im realen Arbeitsprozess mit der eigenen Klasse umgesetzt, also nicht zuerst erlernt und dann transferiert. Die Trainingselemente werden in der unterrichtsfreien Zeit bearbeitet.

Effekte und Evaluation

Das KTM wurde wissenschaftlich begleitet und ausgewertet. Nach einer sieben- bis neunmonatigen Arbeit mit dem Programm ergaben sich aus Lehrersicht subjektive Veränderungen, wie Zuwachs an Selbst- und Sozialkompetenz, an Handlungsrepertoire sowie an Zutrauen, auf Störungen und Aggression angemessen reagieren zu können.

Abgenommen hat unter anderem die Tendenz, „Konflikte einfach durchstehen zu wollen“, nur strafend zu reagieren sowie dem Ziel „sofortige Fortsetzung des Unterrichts“ einen hohen Stellenwert einzuräumen. Die Häufigkeit von Aggressionen der Schüler gegen Lehrer in der Klasse nahm ab (Tennstädt u.a. 1987, 22). In Umfragen in Baden-Württemberg, wo das KTM über viele Jahre hinweg flächendeckend eingesetzt wurde, berichteten etwa 85% der Lehrer, das Training sei hilfreich gewesen (Dann/Humpert 2002, 223). Eine Schülerbefragung von 1400 Schülern lieferte Hinweise auf eine Verbesserung des Unterrichtsklimas, das sich in weniger Wettbewerb und Konkurrenz, besserer Mitarbeit und stärkerer Beteiligung am Unterrichtsablauf und -inhalt zeigte (Kirchheim 2005, 331).

1.2 Professionell handeln in Gewaltsituationen – Das Professional Assault Response Training (PART)®

„Professionell handeln in Gewaltsituationen" ist ein Seminar für Professionelle, die mit Menschen arbeiten, deren Verhaltensauffälligkeiten sich manchmal in Gewalt ausdrücken. Es findet vor allem in den Bereichen Jugendhilfe, Psychiatrie, Behindertenhilfe als auch im Strafvollzug und bei der Polizei Anwendung.

Das Konzept wurde von Paul A. Smith 1975 in einer psychiatrischen Klinik in Kalifornien entwickelt, zusammen mit anderen Autoren überarbeitet und liegt seit 1999 in seiner jetzigen Form vor. Ursprünglich ging es darum, Festhaltetechniken für den Alltag in der Psychiatrie zu erlernen, die dem Patienten keinen Schaden zufügten. Mittlerweile umfasst das Konzept viel mehr:

- Reflexion der eigenen Rolle im Hinblick auf gewalttätige Klienten
- Thematisierung der Problematik des eigenen Kontrollverlusts
- Erlernen von Möglichkeiten zur Aufrechterhaltung und Wiedererlangung von Selbstkontrolle
- Vermittlung von Wissen über gewalttätige Situationen und Personen
- Vermitteln von Techniken des Sich-Schützens, Ausweichens und Festhaltens, die für Angreifer und Personal ein möglichst geringes Verletzungsrisiko bergen (Papenberg/Smiar 2005).

PART ist ein Notfallkonzept, es setzt auf Teamarbeit und gründet sich auf pädagogische und therapeutische Konzepte sowie physische Interventionstechniken.

Das Kurskonzept umfasst einen zwei- bis dreitägigen Kurs in dem die acht Kapitel des Handbuches bearbeitet werden. Reflexionsphasen, Informationsphasen, Kleingruppen- und Plenumsgespräche, Rollenspiele und Körperübungen wechseln sich ab.

Am Anfang des Trainings steht zunächst die Hinterfragung der eigenen Motivation in einem Feld zu arbeiten, in dem man mit potenziell gewalttätigen Jugendlichen konfrontiert ist. Wie gut ist man auf diese Arbeit psychisch aber auch physisch vorbereitet? Trägt man passende Kleidung, wie beweglich ist man? Kann man sich ausreichend selbst kontrollieren? Über welche Beobachtungsstrategien verfügt man, um Konflikte frühzeitig zu erkennen?

In einem zweiten Teil werden Informationen zu den Ursachen von Gewalttätigkeit vermittelt. Dazu verwendet PART ein interdisziplinäres Modell, das sich auf das Stressmodell, die Entwicklungspsychologie, die Kommunikationspsychologie, das Lebensumfeld- und Grundbedürfnismodell gründet. Wichtige Formen des alternativen Handelns in Gewaltsituationen werden vermittelt. Anhand des Krisenkommunikationsmodells wird zunächst das zu Stande kommen einer Krise beim Menschen erläutert, um dann für die Punkte zu sensibilisieren, an denen eingeschritten werden kann. Tipps zur richtigen Kommunikation, wie den Täter namentlich anzusprechen und in prägnanten, sich wiederholenden Drei-Wort-Sätzen zu reden, ergänzen sich mit Übungen zur richtigen Körperhaltung, Gestik und Mimik in Krisensituationen. In Rollenspielen wird das Erlernte erprobt.

In einer Turnhalle erfolgt zusätzlich eine Unterweisung in Ausweichtechniken. Zum eigenen Schutz werden verschiedene Festhalte- und Abwehrgriffe sowie die Reaktion auf unterschiedliche Angriffsarten eingeübt, wie Schläge oder Haare reißen. Zuletzt erörtern die Teilnehmer, wann eine Fixierung oder die Gabe von Psychopharmaka nötig werden können. Handlungsleitend ist dabei die Frage: Was würde schlimmstenfalls passieren, wenn bei dieser Person jetzt keine Zwangsmaßnahme durchgeführt werden würde? Dies betrifft jedoch nur noch den Teil der Teilnehmer, der in psychiatrischen Kontexten tätig ist.

PART empfiehlt das Verfassen von ausführlichen Berichten über gewalttätige Auseinandersetzungen, um das eigene Handeln zu reflektieren und zu professionalisieren (PART-Seminarhandbuch 2005).

Die ersten PART®-Seminare in Deutschland fanden 1997 statt. In Deutschland, Österreich und der Schweiz ist das Konzept in vielen Institutionen eingeführt. Bis Juni 2005 wurden 290 PART®-Trainer in fünftägigen Kursen ausgebildet, die in ihren Institutionen das Personal schulen.

Effekte und Evaluation

Eine offizielle Evaluation liegt nicht vor, allerdings berichten Papenberg/Smiar (2005) von einer Zunahme an Handlungssicherheit von Teilnehmern. Hintergrundwissen zu Menschen in Krisen, hilft adäquater auf daraus entstehende Gewalt zu reagieren und die Angst vor dem Ausbruch zu verringern. Dies wiederum erhöht die eigene Gelassenheit und das Vermögen, im Vorfeld deeskalierend wirken zu können.

Kritik

Das Konzept ist sehr umfassend und kann in zwei Tagen nur angerissen werden. Einzelpersonen werden Probleme haben, das Erlernte in ihren Institutionen umzusetzen; deshalb sollten ganze Teams an einer Fortbildung teilnehmen. Die Griffe zum Selbstschutz oder zur Abwehr müssen fortlaufend geübt werden; eine nur einmalige Fortbildung kann als unzureichend gelten.

2. Ausbildungen zu den verschiedenen Verfahren

Die Anwendung der meisten in Kapitel II. dargestellten Methoden und Verfahren bedürfen einer mehr oder weniger umfangreichen Fortbildung. Relevante Träger werden im Folgenden aufgelistet und kurz beschrieben. Der Markt der Anbieter ist groß und es war uns nicht möglich alle zu berücksichtigen. Bei der Auswahl der Fortbildungsträger haben wir auf einen regionalen Bezug (Rhein-Main-Gebiet) geachtet oder besonders bekannte oder große Träger ausgewählt.

2.1 Konfrontative Pädagogik

Fortbildung zu AAT und CT

Das Institut für Sozialarbeit und Sozialpädagogik bietet eine 18-monatige berufsbegleitende Weiterbildung zum zertifizierten AAT/CT-Trainer an.

Institut für Sozialarbeit und Sozialpädagogik e.V
Zeilweg 42
60439 Frankfurt am Main
Tel.: 069/95789-0
Fax: 069/95789-190
E-Mail: info@iss-ffm.de
Website: www.iss-ffm.de

Aus den kontroversen Debatten um die Konfrontative Pädagogik in 2003 entwickelten die ehemaligen Diskussionsgegner Kilb, Kunstreich, Krafeld, Scheerer und Weidner einen postgradualen, berufsbegleitenden Masterstudiengang „Konfliktmanagement und Gewaltprävention“ (Kunstreich 2006, 36 f.). Ziel ist es „eine wissenschaftlich begründete und professionell ausgewiesene Kompetenz im Umgang mit Erscheinungsformen sozialer Konflikte zu vermitteln“ (aus dem Flyer zum Studiengang). Unter der Federführung der Evangelischen Hochschule für Soziale Arbeit & Diakonie Hamburg und im Verbund mit den vier Hochschulen – der Hochschule für Angewandte Wissenschaften Hamburg, der Universität Hamburg und den Hochschulen Mannheim und Bremen startet der Studiengang im Wintersemester 2006/07.

Ev. Hochschule für Soziale Arbeit & Diakonie
Horner Weg 170
22111 Hamburg
Tel.: 040/65591-180
E-Mail: ev-fhs-ff@rauheshaus.de

Nähere Informationen unter http://www.rauheshaus.de/bildung/ev-hochschule-fuer-soziale-arbeit-diakonie/studiengaenge/master-konfliktmanagement-gewaltpraevention

2.2 Mediative Verfahren

Fortbildungen zur Mediation gibt es sehr zahlreich in ganz Deutschland. Private Vereine oder Institute und öffentliche Bildungsträger bieten Grund- und Aufbaukurse an. Diese Kurse werden sowohl rein für pädagogische Professionen als auch für multiprofessionelle Gruppen, wie Juristen, Betriebs- und Personalwirtschaftler, Betriebsräte angeboten.

Der Bundesverband für Mediation e.V., ansässig in Kassel, hat ein Suchportal eingerichtet, bei dem ein Großteil der in Deutschland angebotenen Kurse abgerufen werden kann.

Bundesverband Mediation e.V.
Geschäftsstelle Kassel
Kirchweg 80
34119 Kassel

Tel.: 0561/7396413
Fax: 0561/7396412
E-Mail: info@bmev.de
Website: www.bmev.de

Unter www.wennzweisichstreiten.de/Ausbildungen01.htm werden sowohl universitäre als auch außeruniversitäre Weiterbildungsmöglichkeiten in einer Linkliste aufgeführt.

Universitäten und Fachhochschulen

Universitäten und Fachhochschulen bieten meist zweijährige Weiterbildungen oder Studiengänge an. Eine Auswahl stellen wir vor:

Europa-Universität Viadrino in Frankfurt/Oder: Masterstudiengang „Mediation"
Ausbildung erfolgt berufsbegleitend in drei Semestern in Kooperation mit dem Institut für Anwaltsrecht an der Humboldt-Universität in Berlin für Mediation im familienrechtlichen, verwaltungs- und wirtschaftsrechtlichen und internationalen Bereich.
www.master-mediation.eur_ffo.de

Ruhr-Universität in Bochum: „Mediation und Konfliktmanagement in Wirtschaft und Arbeitswelt"
Zweijähriges Weiterbildungsstudium für (Fach)Hochschulabsolventen
www.ruhr-uni-bochum.de/wbz/

Fernuniversität Hagen/Fachbereich Rechtswissenschaft: „Mediation"
Fernstudium
www.fernuni-hagen.de/OERV/mediation.html

Universität Oldenburg: „Kontaktstudium Mediation"
zweijähriges berufsbegleitendes Studium
www.uni-oldenburg.de/zww/berufsbegleitend/mediation.htm

Evangelische Fachhochschule Ludwigshafen: berufsbegleitender Weiterbildungsstudiengang „Mediation"
Viersemestrige Weiterbildung auf Hochschulniveau mit dem Abschluss „Diplom-Mediator (FH)"
www.efhlu.de

Das TOA-Servicebüro bietet eine einjährige berufsbegleitende Fortbildung zum „Mediator in Strafsachen". Weitere Informationen unter

Servicebüro für Täter-Opfer-Ausgleich und Konfliktschlichtung
Aachener Str. 1064
50858 Köln
Tel.: 0221/94865122
Fax: 0221/94865123
E-Mail: info@toa-servicebuero.de
Website: www.toa-servicebuero.de

2.3 Körperorientierte und erlebnispädagogische Ansätze

Die klassischen Angebote zur Qualifizierung in den Sportarten bieten Sportverbände und Kampfkunstvereine.

Im Magisterstudiengang Sportwissenschaften an der Universität Hannover ist der Schwerpunkt „Freizeit und Sozialarbeit" eingerichtet worden, um die bewegungsbezogene Sozialarbeit zu fördern.
www.uni-hannover.de

Das von Rüdiger Lenz entwickelte ambulante Anti-Gewalttraining DET® („De-Eskalationstraining®") ist eine berufsbegleitende Zusatzqualifikation, durch die man sich zur De-Eskalations-Trainerin®/zum De-Eskalationstrainer® qualifizieren kann. Es enthält zahlreiche Elemente, viele davon aus der Kampfkunst (Körpertraining, Meditation, Selbstverteidigung).

Lenz-Konfliktbewältigung LTD.
Rüdiger Lenz
Rohdener Weg 43
31840 Hessisch Oldendorf
Tel.: 05152/527999
E-Mail: nichtkampf-lenz@t-online.de

Fortbildung in der Erlebnispädagogik

Der Bundesverband Erlebnispädagogik e.V. und seine Mitglieder engagieren sich bei der Entwicklung und Etablierung von erlebnis- und handlungsorientierten Lern- und Erziehungsansätzen in der Jugendhilfe. Dem Verband geht es darum, die Qualität der Angebote zu steigern und Weiterqualifizierungsmaßnahmen zu bieten. Schwerpunktthemen sind nicht nur Standort-, Reise- und Segelprojekte nach dem KJHG, sondern auch soziale Trainingskurse und soziale Gruppenarbeit. Informationen zu Angeboten sowie Fort- und Weiterbildungen sind zu erhalten unter:

Geschäftsstelle des Bundesverbandes Erlebnispädagogik e.V.
Uferweg 5
88131 Lindau
Tel.: 08382/280962
Fax: 01212/594258145
E-Mail: info@be-ep.de
Website: www.bundesverband-erlebnispaedagogik.de

Der bsj Marburg e.V. (Verein zur Förderung bewegungs- und sportorientierter Jugendsozialarbeit) ist ein anerkannter freier Träger der Jugendhilfe, der seit 1986 versucht, Körper und Bewegung zum Ausgangspunkt seiner sozialen Arbeit zu machen. Die Angebote des bsj im Freizeit-, Schul- und Berufsbildungsbereich richten sich vor allem an sozial benachteiligte weibliche und männliche Kinder und Jugendliche.

Der bsj bietet ein umfangreiches Fortbildungsprogramm für soziale und pädagogische Fachkräfte an sowie eine berufsbegleitende erlebnispädagogische Zusatzqualifikation. Weitere Kompetenzen in erlebnispädagogischen Feldern wie Kanufahren, Klettern, Wandern können ergänzend erworben werden.

Eine spezielle zertifizierte Fortbildungsreihe für Studierende beinhaltet einen umfassenden fachlichen Einblick in zentrale Themenbereiche erfahrungsorientierter Pädagogik und den Erwerb von Kompetenzen in unterschiedlichen praktischen Erfahrungsräumen. Inhalte der Veranstaltungsreihe sind zum Beispiel das Adventure Based Counseling, Sicherheitsworkshops, das Arrangieren von flexiblen Abenteuersituationen sowie das Anleiten von Gruppen.

Verein zur Förderung bewegungs- und sportorientierter
Jugendsozialarbeit e.V. (bsj)
Biegenstr. 40
35037 Marburg
Tel.: 06421/68533-0
Fax: 06421/68533-22
E-Mail: kontakt@bsj-marburg.de
Website: www.bsj-marburg.de
Ansprechpartnerin: Monika Eckern

Am Institut für Sportwissenschaft und Motologie der Philipps-Universität in Marburg wird die Zusatzqualifikation „Abenteuer- und Erlebnispädagogik“ für Studierende des Lehramts-

faches Sport angeboten. Dieses Studienangebot ist in Deutschland bisher einmalig; die Studierenden erlangen grundlegende Kenntnisse und Qualifikationen in der Theorie und Praxis eines abenteuerpädagogischen Ansatzes. Die Ausbildung kann im zweiten Studienabschnitt absolviert und im Zeitraum von drei Semestern abgeschlossen werden.
Nähere Informationen unter:
http://staff-www.uni-marburg.de/~ifsm/d_030600.html

Die Fachhochschule Frankfurt bietet seit 1995 ein 20-monatiges Weiterbildungsstudium in „Erlebnispädagogik“ an. Neben theoretischen, rechtlichen und kommunikativen Kenntnissen, werden vor allem Natursportarten angeboten.
Näherer Informationen unter www.fh-frankfurt.de
E-Mail: buescher@abtwb.fh-frankfurt.de

Outward Bound bietet seit 1951 Fortbildungen im erlebnispädagogischen Bereich an. Die zertifizierte Zusatzausbildung „Erlebnispädagogik“ dauert mindestens zwei Jahre und besteht aus mehreren Kurswochen.

Outward Bound
Deutsche Gesellschaft für Europäische Erziehung e.V.
Berghausstr. 1
87645 Schwangau
Tel.: 08362/9822-0
Fax: 0832/9822-22
E-Mail: info@outwardbound.de
Website: www.outwardbound.de

2.4 Training sozialer Kompetenzen

Fortbildung zu FAUSTLOS

Die Fortbildungen für Lehrer und Pädagogen werden vom Heidelberger Präventionszentrum auch vor Ort durchgeführt. Nähere Informationen zu Kosten und Art der Anmeldung erhält man auf der Website.

Heidelberger Präventionszentrum
Keplerstr. 1
69120 Heidelberg
Tel.: 06221/914422
E-Mail: a.schick@faustlos.de
Website: www.faustlos.de

Fortbildung zu Lions-Quest

Der Lions Club führt regional regelmäßig Lehrerfortbildungen durch. Informationen über Orte und Finanzierungsmöglichkeiten bei:

Hilfswerk der Deutschen Lions e.V.
Ressort Lions-Quest
Bleichstr. 1-3
65183 Wiesbaden
Tel.: 0611/9915481
E-Mail: I.Vollbrandt@Lions-Hilfswerke.de
Website: www.lions-quest.de

Fortbildung zu sozialen Trainingskursen bzw. sozialer Gruppenarbeit

Eine zweitägige Fortbildung zu „Methoden der sozialen Trainingskurse/Sozialen Gruppenarbeit“ für Pädagogen der freien

Jugendhilfe, Jugendgerichtshilfe und Bewährungshilfe bietet die DVJJ. Inhalte sind sowohl erlebnispädagogische als auch systemische und themenzentrierte Elemente der Arbeit mit straffälligen Jugendlichen in Gruppen.

DVJJ
Deutsche Vereinigung für Jugendgerichte und Jugendgerichtshilfen e.V.
Lützeroderstr. 9
30161 Hannover
Tel.: 0511/3483640
Fax: 0511/3180660
E-Mail: info@dvjj.de
Website: www.dvjj.de

Fortbildung zu DENKZEIT

Die DENKZEIT Gesellschaft bietet zweiwöchige Kurse, in denen interessierte und geeignete Pädagogen die DENKZEIT-Methode erlernen und unter Anleitung erproben können. Die Weiterbildung setzt voraus, dass die Teilnehmerinnen und Teilnehmer ein Basiswissen über psychosoziale Interventionsmethoden, über Entwicklungspsychologie, über die Entstehung abweichenden Verhaltens und Delinquenz mitbringen. Des Weiteren werden Erfahrungen in der Anwendung pädagogischer und beraterischer Methoden mit Jugendlichen und Heranwachsenden erwartet.

DENKZEIT Gesellschaft e.V.
Gesellschaft zur Förderung wissenschaftlich begründeter Methoden psychosozialer Arbeit mit jungen Menschen
Arnimallee 11
14195 Berlin
Tel.: 030/83855807
Fax: 030/83852725
E-Mail: info@denkzeit.com
Website: www.denkzeit.com

2.5 Szenische Verfahren

Fortbildung zum Szenischen Spiel

Die Bildungsstätte Alte Schule Anspach (basa e.V.) bietet Grund- und Aufbauseminare für Lehrerinnen und Lehrer, Sozialpädagoginnen und Sozialpädagogen sowie Studierende unter dem Titel „Konfliktbewältigung und Gewaltverarbeitung mit der Methode Szenisches Spiel". Während das Grundseminar eigene Erfahrungen mit der Methode in den Mittelpunkt stellt, vermittelt das Aufbauseminar wichtige Kenntnisse für die Ausübung der Rolle als Spielleiter und damit eine Umsetzung in je eigenen Praxisfeldern.

Bildungsstätte Alte Schule Anspach
Schulstr. 3
61267 Neu-Anspach
Tel.: 06081/44968-72 (Reiner Hartel)
E-Mail: bildung@alteschuleanspach.de
Website: www.alteschuleanspach.de

Fortbildungen zur Anwendung des Szenischen Spiels im Deutsch-Unterricht und „Theater als Mittel der Gewaltprävention" können belegt werden beim Schultheater-Studio Frankfurt.

Schultheater-Studio Frankfurt
Hammarskjöldring 17 a
60439 Frankfurt am Main
Tel.: 069/212-32044
Fax: 069/212-32070
E-Mail: schultheater@gmx.de
Website: www.schultheater.de

Fortbildung zu anderen theaterpädagogischen Methoden

Der europäische Studiengang Theaterpädagogik „Theatre Work in Social Fields" in Graz/Österreich in Kooperation mit Deutschland, Italien, England und Slowenien bietet in vier Semestern eine systematische Ausbildung zur Theaterarbeit in sozialen, pädagogischen und psychosozialen Feldern. Besondere Schwerpunkte sind die Arbeit mit älteren Menschen, Menschen mit geistiger Behinderung, MigrantInnen, Langzeitpsychiatrie-PatientInnen, Gehörlosen sowie mit von sozialer Marginalisation bedrohten Jugendlichen (Koch u.a. 2004).
www.kfunigraz.ac.at

Die Akademie Remscheid bietet zahlreiche Fort- und Weiterbildungen im künstlerischen Bereich an wie Theater, Spielpädagogik, Tanz und Rhythmik.
www.akademieremscheid.de

2.6 Training zum Umgang mit Gewalt und Bedrohungssituationen und Zivilcouragetraining

Fortbildung zu „Cool sein – Cool bleiben"

Die Fortbildungen sowie ein Reader und ein Film können beim Frankfurter Kinderbüro nachgefragt werden.

Frankfurter Kinderbüro
Schleiermacherstr. 7
60313 Frankfurt am Main
Tel.: 069/212-39001
E-Mail: info@frankfurter-kinderbuero.de
Website: www.frankfurter-kinderbuero.de
Ansprechpartner: Rüdiger Niemann

Fortbildung zum Zivilcouragetraining

Die Gewaltakademie Villigst bietet ein Zivilcouragetraining für Multiplikatoren aus Schule, präventiver Polizeiarbeit, der Kirche und Jugendarbeit, für Jugend- und Kindergruppen, Schulklassen oder Elterngruppen. Inhalte sind: Selbst- und Fremdwahrnehmungsübungen, den eigenen Standpunkt klar sehen, Interventionsmöglichkeiten kennen lernen, Vermittlung von Wissen zu Eskalationsprozessen u.a.

Gewaltakademie Villigst
Bündnisbüro für Toleranz und Zivilcourage
SOS Rassismus-NRW
Gewaltakademie Villigst
Amt für Jugendarbeit der Evangelischen Kirche von Westfalen
c/o Ralf-Erik Posselt

Haus Villigst
58239 Schwerte
Tel.: 02304/755190
Fax: 02034/755295
E-Mail: g.kirchhoff@aej-haus-villigst.de
Website: www.gewaltakademie.de
www.gewaltakademie.de/gaeste/html/zivilcourage.html

2.7 Medienpädagogische Angebote

Eine Datenbank zum Thema Medienkompetenz ist abrufbar unter Informationssystem Medienkompetenz :
http://www.ism-info.de/

Das ISM umfasst fünf Datenbanken und enthält ausführlich annotierte Nachweise zu Fachliteratur, Lehr- und Lernmedien sowie zu Forschungsprojekten.

Unter http://lernarchiv.bildung.hessen.de/archiv/medien/paed agogik findet man eine Auflistung aller verfügbaren Seminare der Lehrerbildung im Bereich Medienpädagogik.

Das Institut für Medienpädagogik und Kommunikation in Frankfurt bietet Seminare zur Medienpädagogik an. Die Medienpädagogik vermittelt vor allem Medienkompetenz für den aktiven Umgang mit vorhandenen und neuen Kommunikationsmitteln und -formen. Das Institut berät in allen Fragen der Medienpädagogik, entwickelt Programme und Veranstaltungen, beschäftigt sich mit der Konzeptionsentwicklung für medienpädagogische Projekte. Unter anderem gibt es einen Kurs zur Medienkompetenz für benachteiligte Jugendliche.

Institut für Medienpädagogik und Kommunikation
Kennedyallee 105a
60596 Frankfurt am Main
Tel.: 069/630094-0
Fax: 069/630094-235
E-Mail: muk@muk-hessen.de
Website: www.muk-hessen.de

2.8 Opferhilfe

Das Fachinstitut für angewandte Psychotraumatologie bietet verschiedene Seminarreihen für Professionelle, die mit Opfern von Unfällen und Gewalterfahrungen arbeiten.

Fachinstitut für Angewandte Psychotraumatologie
Spiekerhof 31
48143 Münster
Tel.: 0251/3909999
Fax: 0251/54042
E-Mail: mail@fifap.de
Website: www.fifap.de

Zwei berufsbegleitende Zusatzqualifikationen zur Psychotraumatologie und zur Traumafachberatung/Traumapädagogik führt das Thüringer Traumanetzwerk durch. Die Fortbildungen sind modular und beinhalten Supervisionstage.

Thüringer Traumanetzwerk-Zentrum Rohr
Leiterin: Dipl.-Psych. G. Kluwe-Schleberger
Psychotherapeutische Praxis
Ziegenplan 12
98530 Rohr
Tel.: 036844/30833
Fax: 036844/30834; Website: www.tuetz.de

2.9 Training für Pädagogen

Fortbildung zum Konstanzer Trainingsmodell

Da es sich um ein Selbsthilfekonzept handelt, muss im Unterschied zu anderen Konzepten nicht zwingend eine Fortbildung besucht werden. Der Reiz der Methode kann also gerade in der großen Eigenverantwortung liegen, den Reflexions- und Lernprozess selbst zu steuern. Die Schulämter in Baden-Württemberg bieten begleitende KTM-Gruppen an, die sich zum Austausch über die eigenen Erkenntnisse treffen. In Hessen ist das Programm nicht sehr verbreitet.

Fortbildung zu PART®

Nähere Informationen zu Fortbildungen in Deutschland auf der Homepage: www.part2000.de

Das Frankfurter Kinderbüro bietet PART® als ein Trainingselement im Rahmen der Fortbildung „Sicherheit im Team (SiT)“ an.
Nähere Informationen unter: www.frankfurter-kinderbuero.de

3. Forschungseinrichtungen

Theoretische Hintergründe zu Ursachen und Ausformungen von Konflikten und Gewalt nationaler bis internationaler Art sind Gegenstand der Forschung. Vielfach sind die Institute Universitäten angegliedert; aber auch eigenständige Institute und Vereine untersuchen das Phänomen. Nur wenige Einrichtungen machen sich den Theorie-Praxis-Transfer zu eigen und beforschen die psychologisch-pädagogischen Dimensionen.

Exemplarisch dargestellt werden hier fünf Institute. Eine ausführliche Linkliste zu Forschungsinstituten kann auf der Homepage der Hessischen Stiftung Friedens- und Konfliktforschung eingesehen werden (www.hsfk.de).

3.1 Institut für Friedenspädagogik

Das Institut für Friedenspädagogik wurde 1976 als Verein für Friedenspädagogik gegründet und hat sich als friedenspädagogische Fachstelle bundesweit etabliert. Das Institut versucht den Transfer der theoretischen Erkenntnisse der internationalen Gewalt- und Konfliktforschung in die Praxis der Friedenserziehung in Unterricht, Erziehung und politischer Bildung zu unterstützen. 1999 erhielt der Verein den Ehrenpreis der Friedenserziehung der Unesco.

Aus der Selbstdarstellung: „Friedenserziehung ist Teil einer Kultur des Friedens, die gekennzeichnet ist durch eine zivile Gesellschaft. Friedenserziehung gibt in diesem Sinne konkrete Hilfestellungen für die Erziehung in Familie und Vorschule, im schulischen Unterricht und in der außerschulischen Bildungsarbeit. Friedenserziehung gründet in der Überzeugung, dass Einstellungen und Verhaltensweisen durch Erziehung und Bildung veränderbar sind und sich auf politische Entscheidungen und Strukturen auswirken“ (Friedensinstitut 2005).

Das Institut stellt eine Vielzahl von Materialien, theoretischem Hintergrundwissen und fachlichem Know-how zur Verfügung.

- Didaktisch aufbereitete Publikationen
- Broschüren und Ratgeber für Eltern, ErzieherInnen oder Jugendliche
- Methoden für die politische Bildungsarbeit
- Zeitschrift : Globales Lernen (gemeinsam mit Brot für die Welt)
- Literatur- und Medienübersichten, Literaturdatenbank im Netz
- Erstellung von audiovisuellen Medien- und Internetangeboten
- Seminare, Fortbildungsveranstaltungen und Beratungen
- Öffentliche Leihbibliothek
- Angebote im Internet
  unter anderem ein spezielles Angebot für Kinder zum Thema Krieg

(www.frieden-fragen.de)

Die Themen u.a.:

- Friedenserziehung
- Zivile Konfliktbearbeitung und Gewaltprävention
- Ausländerfeindlichkeit, Rechtsextremismus
- Gewalt in der Erziehung und Möglichkeiten einer Erziehung zum Frieden
- Krieg in Europa und die Ansätze für ein friedensfähiges Europa
- Globales Lernen
- Zivilcourage und Gewaltfreiheit
- Umwelt und Entwicklung, Dritte Welt/Eine Welt
- Methoden politischer Bildungsarbeit
- Medien und Gewalt
- Neue Medien in der politischen Bildungsarbeit

(Friedensinstitut 2005)

Institut für Friedenspädagogik Tübingen e.V.
Corrensstr. 12
72076 Tübingen
Tel.: 07071/920510
Fax: 07071/9205111
E-Mail: kontakt@friedenspaedagogik.de
Website: www.friedenspaedagogik.de

3.2 Institut für interdisziplinäre Konflikt- und Gewaltforschung (IKG) an der Universität Bielefeld

Das Institut für interdisziplinäre Konflikt- und Gewaltforschung wurde 1996 gegründet.

Die Arbeiten des Instituts konzentrieren sich auf theoretische und empirische Analysen sowohl konstruktiver als auch destruktiver Konflikte und ihrer Folgen.

Ausmaß und Ursache von Gewalt sind zentraler Forschungsgegenstand. Beforscht wird unter anderem, ob soziale Desintegrationsprozesse in westlichen Gesellschaften zunehmen und Gewalt auslösen. Untersucht werden die Wechselwirkungen von strukturellen Bedingungen, sozialpsychologischen Mechanismen und interagierenden Gruppen. Konkret sind dies langfristige Studien zu Antisemitismus, Rassismus und Fremdenfeindlichkeit, aber auch zu den Auswirkungen der Desintegration auf Einstellungen und politisch-religiöse Überzeugungen von Migrantengruppen, wie dem religiös motivierten Fundamentalismus.

Das IKG evaluiert laufend Modellversuche oder Projekte aus der Praxis, die sich mit dem Thema Gewaltprävention und Rechtsextremismusbekämpfung beschäftigen. Derzeit wird zum Beispiel das Buddy-Projekt evaluiert, ein gewaltpräventives Konzept, das mit einem erweiterten Peer-Mediations-Ansatz arbeitet.

Institut für interdisziplinäre Konflikt- und Gewaltforschung
Universität Bielefeld
Universitätsstraße 25
33615 Bielefeld

Tel.: 0521/106-3163
Fax: 0521/106-6415
Leitung: Prof. Dr. Wilhelm Heitmeyer
E-Mail: ikg@uni-bielefeld.de
Website: www.uni-bielefeld.de/ikg

3.3 Kriminologisches Forschungsinstitut Niedersachsen e.V. (KFN)

Das KFN wurde 1979 als unabhängiges, interdisziplinär arbeitendes Forschungsinstitut von Niedersachsens damaligem Justizminister Schwind gegründet. Zweck des Institutes laut seiner Satzung ist es, „praxisorientierte kriminologische Forschung zu betreiben und zu fördern" (KFN 2005).

Das KFN ist ein gemeinnütziger Verein und arbeitet im Rahmen eines Kooperationsvertrages eng mit der Universität Hannover zusammen. Mitglieder sind momentan elf Hochschullehrer und fünf weitere Personen. Am Institut arbeiten 14 Wissenschaftler der Fachdisziplinen Psychologie, Soziologie, Rechtswissenschaften, Pädagogik und Medienwissenschaften. Die Zusammenarbeit verschiedener Disziplinen ermöglicht eine umfassendere Perspektive auf die kriminologischen Problemlagen.

Das KFN forscht im Moment in acht Schwerpunkten:
- Mediennutzung und Schulleistung
- Mediennutzung und Strafbedürfnisse
- Gefängnis und die Folgen
- Der Einfluss heroingestützter Therapie auf die Delinquenz Drogenabhängiger

- Kriminalität und Gewalt im Leben alter Menschen
- Ältere Opfer sexueller Gewalt – eine bislang vernachlässigte Opfergruppe?
- Evaluation des Trainings „Leben ohne Gewalt organisieren“ (LoGo) im Strafvollzug
- Fortlaufende Analysen zur Polizeilichen Kriminalstatistik mit den Schwerpunkten Jugendkriminalität und Ausländerkriminalität

Momentan führt das KFN ein Projekt zur Schülerbefragung durch. Eine repräsentative Gruppe von Schülern der vierten, siebten und neunten Klassen deutscher Großstädte wird zu Themen wie Erfahrungen und Umgang mit Gewalt, Mediennutzung und Schulverweigerung interviewt.

Das Institut übernimmt immer wieder die wissenschaftliche Begleitung von Praxisprojekten die im Bereich primärer bis tertiärer Gewaltprävention angesiedelt sind, so zum Beispiel die langjährige Evaluation des Anti-Aggressivitäts-Trainings in der JVA Hameln.

Kriminologisches Forschungsinstitut Niedersachsen e.V.
Lützerodestr. 9
30161 Hannover
Tel.: 0511/348360
E-Mail: kfn@kfn.uni-hannover.de
Website: www.kfn.de
AnsprechpartnerInnen: Birgit Bergmann, Marilou Häfner

Weitere Kriminologische Institute gibt es in Wiesbaden und Heidelberg.

3.4 Zentrum für Konfliktforschung der Philipps-Universität Marburg

Das Zentrum für Konfliktforschung ist eine fachübergreifende Einrichtung der Philipps-Universität Marburg. 2001 gegründet, bündelt es verschiedene Lehr- und Forschungsaktivitäten, die sich auf zentrale gesellschaftliche und internationale Konfliktlagen konzentrieren. Im Zentrum arbeiten zur Zeit 45 Wissenschaftler aus 15 Fachbereichen zu folgenden Forschungsschwerpunkten:

- Interdisziplinäre Theorieentwicklung
- Gewaltforschung
- Intergruppenkonflikte
- Konfliktregulierung
- Trans- und internationale Konflikte
- Normkonflikte und Normbildung

Das Zentrum kooperiert mit einer größeren Anzahl von öffentlich-rechtlichen und privaten Einrichtungen im In- und Ausland.

Neben der Nachwuchsförderung in einem Graduiertenprogramm ist das Zentrum ebenfalls verantwortlich für die Entwicklung und Durchführung des neu eingerichteten Masterstudiengangs „Friedens- und Konfliktforschung/Peace and Conflict Studies – Master of Art (M.A.)".

Aufgrund der hohen Nachfrage der Studierenden und der Einsicht in die Notwendigkeit der Professionalisierung der Ausbildung der Friedens- und Konfliktforschung in Deutschland wurde – aufbauend auf dem seit 1996 bereits existierenden Diplomnebenfach- und Magisterstudiengang zur Friedens- und Konfliktforschung – zum WS 2004/05 der Masterstudiengang entwickelt. Im Mittelpunkt des Studiums stehen politische Konflikte, die einen globalen Bezug aufweisen. Der Studiengang ist interdisziplinär angelegt und beruht auf einer Didaktik des dialogischen und problemorientierten Lernens. Im Vordergrund stehen damit Methoden wie Rollen- und Planspiele, Kleingruppenarbeiten, Workshops und Inszenierungen.

Zentrum für Konfliktforschung
Ketzerbach 11
35032 Marburg
Tel.: 06421/2824520
Website: www.uni-marburg.de/konfliktforschung

3.5 Deutsches Jugendinstitut e.V., München

Das Deutsche Jugendinstitut e.V. wurde auf Beschluss des Deutschen Bundestages gegründet. Es entstand 1963 aus dem Deutschen Jugendarchiv in München und dem Studienbüro für Jugendfragen in Bonn. Heute ist es bundesweit das größte außeruniversitäre, sozialwissenschaftliche Forschungsinstitut im Bereich Kinder, Jugendliche, Frauen und Familien.

Über 140 wissenschaftliche Mitarbeiter und Mitarbeiterinnen untersuchen langfristig die Lebenslagen von Kindern, Jugendlichen, Frauen und Familien, sowie darauf bezogene öffentliche Angebote zu ihrer Unterstützung und Förderung. Das DJI hat seinen Sitz in München und verfügt über eine Außenstelle in Halle.

Die Palette der langfristig angelegten Projekte (Dauerbeobachtung und Social Monitoring) umfasst Themen der Kinder-, Jugend-, Familien- und Geschlechterforschung sowie der Jugendhilfe. Parallel werden Studien zu aktuellen gesellschaftspolitischen Entwicklungen und Problemlagen durchgeführt. Das DJI entwickelt, begleitet und evaluiert auch Modellvorhaben. Auf der Grundlage dieser Forschungsergebnisse berät das Institut Politik und Praxis.

Im Schwerpunkt Jugendhilfe hat das DJI eine Arbeitsstelle Kinder- und Jugendkriminalitätsprävention eingerichtet. Die Arbeitsstelle

- dokumentiert vorhandene Praxisansätze und -erfahrungen im Bereich präventiver Arbeit,
- verbreitet Informationen über Ansätze und Konzepte,
- beschreibt den Stand der Evaluationsprojekte,
- entwickelt Vorschläge für die Evaluation vorhandener Praxisansätze,
- schafft Angebote zur Beratung und Weiterbildung und
- regt zur Forschung an.

Die Arbeitsstelle will dazu beitragen, die kriminalpräventiven Ansätze und Projekte im Bereich von Schule, Kinder- und Jugendhilfe, Polizei und Justiz stärker aufeinander zu beziehen. Umfangreiche Downloads zum Thema stehen auf der Website zur Verfügung.

Deutsches Jugendinstitut e.V.
Nockherstr. 2
81541 München
Tel.: 089/62306-0
Fax: 089/62306-162
E-Mail: info@dji.de
Website: www.dji.de

IV. Anhang

Auszüge aus verwendeten Gesetzestexten

Jugendgerichtsgesetz

§ 10 Weisungen

(1) Weisungen sind Gebote und Verbote, welche die Lebensführung des Jugendlichen regeln und dadurch seine Erziehung fördern und sichern sollen. Dabei dürfen an die Lebensführung des Jugendlichen keine unzumutbaren Anforderungen gestellt werden. Der Richter kann dem Jugendlichen insbesondere auferlegen

1. Weisungen zu befolgen, die sich auf den Aufenthaltsort beziehen,
2. bei einer Familie oder in einem Heim zu wohnen,
3. eine Ausbildungs- oder Arbeitsstelle anzunehmen,
4. Arbeitsleistungen zu erbringen,
5. sich der Betreuung und Aufsicht einer bestimmten Person (Betreuungshelfer) zu unterstellen,
6. an einem sozialen Trainingskurs teilzunehmen,
7. sich zu bemühen, einen Ausgleich mit dem Verletzten zu erreichen (Täter-Opfer-Ausgleich),
8. den Verkehr mit bestimmten Personen oder Besuch von Gaststätten zu unterlassen oder
9. an einem Verkehrsunterricht teilzunehmen

(Eisenberg 2002, 147).

Sozialgesetzbuch VIII

§ 11 Jugendarbeit

(1) Jungen Menschen sind die zur Förderung ihrer Entwicklung erforderlichen Angebote der Jugendarbeit zur

Verfügung zu stellen. Sie sollen an den Interessen junger Menschen anknüpfen und von ihnen mitbestimmt und ausgestaltet werden, sie zur Selbstbestimmung befähigen und zu gesellschaftlicher Mitverantwortung und zu sozialem Engagement anregen und hinführen.

(2) Jugendarbeit wird angeboten von Verbänden, Gruppen und Initiativen der Jugend, von anderen Trägern der Jugendarbeit und den Trägern der öffentlichen Jugendhilfe. Sie umfasst für Mitglieder bestimmte Angebote, die offene Jugendarbeit und gemeinwesenorientierte Angebote.

(3) Zu den Schwerpunkten der Jugendarbeit gehören:
1. außerschulische Jugendbildung mit allgemeiner, politischer, sozialer, gesundheitlicher, kultureller, naturkundlicher und technischer Bildung,
2. Jugendarbeit in Sport, Spiel und Geselligkeit,
3. arbeitswelt-, schul- und themenbezogene Jugendarbeit,
4. internationale Jugendarbeit,
5. Kinder- und Jugenderholung,
6. Jugendberatung.

(4) Angebote der Jugendarbeit können auch Personen, die das 27. Lebensjahr vollendet haben, in angemessenem Umfang einbeziehen.

§ 13 Jugendsozialarbeit

(1) Jungen Menschen, die zum Ausgleich sozialer Benachteiligungen oder zur Überwindung individueller Beeinträchtigungen in erhöhtem Maße auf Unterstützung angewiesen sind, sollen im Rahmen der Jugendhilfe sozialpädagogische Hilfen angeboten werden, die ihre schulische und berufliche Ausbildung, Eingliederung in die Arbeitswelt und ihre soziale Integration fördern.

(2) (...)

§ 27 Hilfe zur Erziehung

(1) Ein Personensorgeberechtigter hat bei der Erziehung eines Kindes oder Jugendlichen Anspruch auf Hilfe (Hilfe zur Erziehung), wenn eine dem Wohl des Kindes oder des Jugendlichen entsprechende Erziehung nicht gewährleistet ist und die Hilfe für seine Entwicklung geeignet und notwendig ist.

(2) Hilfe zur Erziehung wird insbesondere nach Maßgabe des §§ 28 bis 35 gewährt. Art und Umfang der Hilfe richten sich nach dem erzieherischen Bedarf im Einzelfall; dabei soll das engere soziale Umfeld des Kindes oder des Jugendlichen einbezogen werden. Die Hilfe ist in der Regel im Inland zu erbringen; sie darf nur dann im Ausland erbracht werden, wenn dies nach Maßgabe der Hilfeplanung zur Erreichung des Hilfezieles im Einzelfall erforderlich ist.

(2a) (…)

(3) Hilfe zur Erziehung umfasst insbesondere die Gewährung pädagogischer und damit verbundener therapeutischer Leistungen. Sie soll bei Bedarf Ausbildungs- und Beschäftigungsmaßnahmen im Sinne des § 13 Abs. 2 einschließen.

(…)

§ 29 Soziale Gruppenarbeit

Die Teilnahme an sozialer Gruppenarbeit soll älteren Kindern und Jugendlichen bei der Überwindung von Entwicklungsschwierigkeiten und Verhaltensproblemen helfen. Soziale Gruppenarbeit soll auf der Grundlage eines gruppenpädagogischen Konzepts die Entwicklung älterer Kinder und Jugendlicher durch soziales Lernen in der Gruppe fördern.

(...)

§ 35 Intensive sozialpädagogische Einzelbetreuung

Intensive sozialpädagogische Einzelbetreuung soll Jugendlichen gewährt werden, die einer intensiven Unterstützung zur sozialen Integration und zu einer eigenverantwortlichen Lebensführung bedürfen. Die Hilfe ist in der Regel auf längere Zeit angelegt und soll den individuellen Bedürfnissen der Jugendlichen Rechnung tragen.

(nach Sozialgesetzbuch VIII 2006)

Literaturverzeichnis

ABC (Adventure Based Counseling) 2005: abrufbar unter http://staff-www.uni-marburg.de/~ifsm/download/040200_adbc.pdf (10.12.05)

Altenburg, Marion 2005: Die Kunst Konflikte produktiv zu lösen. Sensibilisierungsprogramm für die Klassen 7 und 8, Amt für Lehrerbildung, Frankfurt/M.

Anfang, Günther 2001: Computer in der Kinder- und Jugendarbeit. Ziele und Kriterien für die aktive Medienarbeit mit Multimedia, in: Anfang, Günther/ Demmler, Kathrin/Lutz, Klaus (Hrsg.): Erlebniswelt Multimedia, München, S. 9-18

Anfang, Günther/Demmler, Kathrin/Lutz, Klaus (Hrsg.) 2001: Erlebniswelt Multimedia, Computerprojekte mit Kindern und Jugendlichen, München

Arpos 2005: abrufbar unter http://www.arpos.de (23.10.05)

Bandura, Albert 1979: Aggression, Stuttgart

Baumrind, Diana 1967: Child care practices anteceding three patterns of behaviour, in: Genetic Psychology Monographs 75, p. 43-88

Becker, Gerd 1998: Ist Mediation tauglich für die Jugendarbeit? in: Unsere Jugend Nr. 10, S. 459-465

Beland, K. 1988: Second Step. A violence-prevention curriculum. Grades 1-3, Seattle, Committee for Children

Besemer, Christoph 1993: Mediation, Vermittlung in Konflikten, Königsfeld

Bieligk, Michael 2005: Erlebnispädagogische Ansätze im Sportunterricht. Entwicklung eines Beobachtungsinstruments zur Analyse sozialer Lernprozesse, in: Zeitschrift für Erlebnispädagogik Nr. 7/8/9, S. 8-134

Boal, Augusto 1989: Theater der Unterdrückten, Frankfurt/M.

Bode, Rainer 2000: Erzieherische Wirkung durch Schadenswiedergutmachung und Tatkonfrontationsgespräche – das Projekt ERWISCHT, in: Deutsches Jugendinstitut/Arbeitsstelle Kinder- und Jugendkriminalitätsprävention: Wider die Ratlosigkeit im Umgang mit Kinderdelinquenz, Präventive Ansätze und Konzepte, München, S. 143-152, abrufbar unter http://cgi.dji.de/bibs/_3_wider_die_Ratlos.pdf (22.10.05)

Böllert, Karin 2001: Prävention und Intervention, in: Otto, Hans-Uwe/Thiersch, Hans (Hrsg.): Handbuch Sozialarbeit, Sozialpädagogik, Neuwied, S. 1394-1398

Braun, Günther/Rademacher, Helmolt 2003: Mediation in der Schule, in: Melzer, Wolfgang/Schwind, Hans-Dieter (Hrsg.): Gewaltprävention in der Schule, Baden-Baden, S. 156-173

Braun, Günther/Hünicke, Wolfgang/Regniet, Martina/Schuster-Mehlig, Gabi/Sprink, Elisabeth [4]2004: Streitschlichtung durch Schülerinnen und Schüler: Bensberger-Mediations-Modell (BMM) – Sekundarstufe, Pädagogisches Zentrum, Bad Kreuznach

Brinkhoff, Klaus-Peter 2000: Über die psycho-sozialen Funktionen des Sports im Kindes- und Jugendalter, in: deutsche jugend Nr. 9, S. 387-395

Bröckling, Ulrich 2004: Prävention, in: Bröckling, Ulrich/Krasmann, Susanne/Lemke, Thomas (Hrsg.): Glossar der Gegenwart, Frankfurt/M., S. 210-215

Brumlik, Micha 2006: Sigmund Freud. Der Denker des 20. Jahrhunderts, Weinheim und Basel

bsj: Selbstdarstellung des Vereins zur Förderung bewegungs- und sportorientierter Jugendsozialarbeit (bsj Marburg e.V.)

Burschyk, Leo/Sames, Karl-Heinz/Weidner, Jens 2004: Das Anti-Aggressivitäts-Training: Curriculare Eckpfeiler und Forschungsergebnisse, in: Weidner, Jens/Kilb, Rainer/Kreft, Dieter: Gewalt im Griff 1: Neue Formen des Anti-Aggressivitäts-Trainings, Weinheim, S. 79-96

Cierpka, Manfred 2005: FAUSTLOS – wie Kinder Konflikte gewaltfrei lösen können. Das Buch für Eltern und Erziehende, Freiburg

Czarzynski, Erwin 2004: Mediation als Gemeinwesenarbeit, in: Schlag, Thomas (Hrsg.): Mediation in Schule und Jugendarbeit, Münster, S. 283-288

Dann, Hans-Dietrich/Humpert, Winfried 2003: Das Konstanzer Trainingsmodell (KTM) – Grundlagen und Entwicklungen, in: Zeitschrift für Pädagogik Nr. 2, S. 215-226

DBJR (Deutscher Bundesjugendring) (Hrsg.) 2000: Lernen zwischen Himmel und Erde. Seilgärten als Feld der Erlebnispädagogik, Schriftenreihe Nr. 33

Dithmar Ute/Hühn, Heike/Kaiser, Susanne/Schlegel Sabine 2003: Projekt „Lebensweltbezogene Schulsozialarbeit“. Übersicht über Maßnahmen in 2002 und 2003, Internes Manuskript des bsj und der JUKO Marburg

Dithmar, Ute/Hühn, Heike/Kaiser, Susanne/Eisenberg, Almut/Schlegel, Sabine 2006: Projekt „Lebensweltbezogene Schulsozialarbeit“. Übersicht über Angebote in 2004 und 2005, Internes Manuskript des bsj und der JUKO Marburg

Dornes, Martin 2004: Familiäre Wurzeln der Jugendgewalt, in: Westend. Neue Zeitschrift für Sozialforschung Nr. 1, S. 75-89

Durdel, Anja 2003: Streitschlichtung, Konfliktbewältigung ohne Niederlagen, in: Pädagogik Nr. 1, S. 8-11

Eckern, Monika/Lindner, Martin 1997: Lernen im Abenteuer – Lernen aus Erfahrung, in: Becker, Peter/Schirp, Jochem (Hrsg.): BSJ Jahrbuch, Marburg

Ehninger, Frank 2004: „Wir fühlen uns manchmal überflüssig". Peer-Mediation an Schulen. Implementationsprobleme und Lösungsideen, in: Melzer, Wolfgang/Schwind, Hans-Dieter (Hrsg.): Gewaltprävention in der Schule, Baden-Baden, S. 203-217

Ehninger Frank/Schuster, Klaus-Dieter [3]2004: Streitschlichtung und Umgang mit Gewalt an Schulen, Magdeburg

Eisenberg, Ulrich [9]2002: Jugendgerichtsgesetz, München

Evaluation 2004: abrufbar unter http://www.evaluation-schulmediation.de/pdf/00_ZB_12_2004_gesamt.pdf (13.12.05)

Faller, Kurt/Kerntke, Wilfried/Wackmann, Maria 1996: Konflikte selber lösen, Mühlheim an der Ruhr

Faustlos 2005: abrufbar unter http://www.faustlos.de (12.10.05)

Frankfurter Kinderbüro 2005: abrufbar unter http://www.frankfurter-kinderbuero.de (17.12.05)

Fraser, Nacy/Honneth, Axel 2003: Umverteilung oder Anerkennung? Eine politisch-philosophische Kontroverse, Frankfurt/M.

Freund, Thomas/Lindner, Werner 2001: Thesen zur Logik der Prävention und ihre Umsetzung in der Kinder- und Jugendarbeit, in: deutsche jugend Nr. 5, S. 212-220

von Freyberg, Thomas/Wolff, Angelika 2005 (Hrsg.): Störer und Gestörte. Band 1: Konfliktgeschichten nicht beschulbarer Jugendlicher, Frankfurt/M.

von Freyberg, Thomas/Wolff, Angelika 2006: Trauma, Angst und Destruktivität in Konfliktgeschichten nicht beschulbarer Jugendlicher, in: Leuzinger-Bohleber, Marianne/Haubl, Rolf/Brumlik, Micha (Hrsg.): Bindung, Trauma und soziale Gewalt. Psychoanalyse, Sozial- und Neurowissenschaften im Dialog, Göttingen, S. 164-185

Friedensinstitut 2005: abrufbar unter http://www.friedenspaedagogik.de (22.11.05)

Friedrichs, Dirk/Herweg, Gert/Rademacher, Helmolt (Hrsg.) [3]2005: PiT Hessen, Prävention im Team. Ein hessisches Gewaltpräventionsprogramm mit Teambildung von Schule, Polizei und Jugendhilfe – vorläufige Arbeitshilfe, Frankfurt/M.

Gall, Rainer 2004: „Verstehen, aber nicht einverstanden sein." Coolness-Training für Schulen, in: Weidner Jens/Kilb, Rainer/Kreft, Dieter (Hrsg.): Gewalt im Griff 1: Neue Formen des Anti-Aggressivitäts-Trainings, Weinheim, S. 157-178

Gehrmann, Hans-Joachim 2005: Psychosoziale Beratung im Netz – Internet als innovatives Instrument sozialer Dienste, in: FHD, Fachbereich Sozialpädagogik (Hrsg.): Neue Medien – Herausforderung und Chance für die Sozialpädagogik, Darmstadt, S. 87-103 (Infos über: www.fbs.h_da.de)

Gescher, Norbert 2000: Bootcamp-Programme für Jugendliche in den USA, in: DVJJ-Journal Nr. 2, S. 22-27

Gewalt sehen 2005: abrufbar unter http://www.gewalt-sehen-helfen.de/projekte (17.12.05)

Grosse Klappe 2005: abrufbar unter http://www.grosse-klappe.com (23.10.05)

Hafeneger, Benno 1995: Jugendbilder. Zwischen Hoffnung, Kontrolle, Erziehung und Dialog, Opladen

Hagedorn, Ortrud/Taglieber, Walter 2005: Mediation. Durch Konflikte lotsen, Leipzig

Hanschitz, Rudolf-Christian 2005: Konflikte und Konfliktbegriffe, in: Falk, Gerhard u.a. (Hrsg.): Handbuch Mediation und Konfliktmanagement, Wiesbaden, S. 62-82

Heckmair, Bernd/Michl, Werner [3]1998: Erleben und Lernen. Einstieg in die Erlebnispädagogik, Neuwied

Heitmeyer, Wilhelm/Soeffner, Hans-Georg (Hrsg.) 2004: Gewalt. Entwicklungen, Strukturen, Analyseprobleme, Frankfurt/M.

Hermann, Angela/Meyer, Gerd 2004: Was fördert, was hindert Zivilcourage? Ergebnisse einer empirischen Studie, in: Meyer, Gerd/Dovermann, Ulrich/Frech, Siegfried/Gugel, Günther (Hrsg.): Zivilcourage lernen. Analysen – Modelle – Arbeitshilfen, Institut für Friedenspädagogik, S. 70-85, abrufbar unter http://www.friedenspaedagogik.de/themen/zc_lernen/zc_in.htm (15.07.06)

Hoffmann, Christel 1999: Die Kunst des Spielleiters, in: Hoffmann, Christel/Israel, Annett (Hrsg.): Theater spielen mit Jugendlichen – Konzepte, Methoden und Übungen, Weinheim, S. 11-32

Honneth, Axel 1994: Kampf um Anerkennung. Zur moralischen Grammatik sozialer Konflikte, Frankfurt/M.

Humpert, Winfried 2001: Ein Trainingsmodell für den Schulalltag, in: Grundschule Nr. 9, S. 50-52

Humpert, Winfried/Dann, Hans-Dietrich 2001: KTM kompakt. Basistraining zur Störungsreduktion und Gewaltprävention in pädagogischen und helfenden Berufen auf der Grundlage des „Konstanzer Trainingsmodells", Bern

Institut für Friedenspädagogik Tübingen e.V. 2005: Friedenserziehung und Fair Play. Jugendarbeit im Sport, abrufbar unter http://www.friedenspaedagogik.de/themen/fussball/fair_12.htm (26.07.05)

Jaletzke, Cordula 2003: Denkzeit – Ein neues sozialkognitives Verfahren. Theoretischer Hintergrund und Anwendungsbereich, in: Berliner Forum Gewaltprävention. BFG-Sondernummer 6, S. 91-99 und abrufbar unter: http://www.senbjs.berlin.de/jugend/landeskommission_berlin_gegen_gewalt/veroeffentlichungen/berliner_forum_gewaltpraevention_sondernummer_6_2003/bfg_s6_2003_19_jaletzke.pdf (10.02.06)

Jetter-Schröder, Monika 2004: Eingreifen hilft! Das Interventionsprogramm für verhaltensauffällige SchülerInnen (InvaS), in: Weidner, Jens/Kilb, Rainer (Hrsg.): Konfrontative Pädagogik. Konfliktbearbeitung in sozialer Arbeit und Erziehung. Wiesbaden, S. 211-221

JUKO Marburg (Jugend- und Konflikthilfe Marburg e.V.) 2004: Jahresbericht, abrufbar unter http://www.jugendkonflikthilfe.de/jahresberichte/Jahresbericht_2004_JUKO_ohnepresse.pdf

Kaletsch, Christa 2003: Konstruktive Konfliktkultur, Förderprogramm für die Klassen 5 und 6, Weinheim

Kähnert, Heike 2002: Evaluation des Lions-Quest-Programms „Erwachsen Werden", abrufbar unter http://www.uni-bielefeld.de/gesundhw/ag4/downloads/Abschlussbericht_Erwachsen20werden_2%20Auflage.pdf (07.01.06)

Kapp Frieder/Scheele, Brigitte 1996: „Was verstehen Sie unter Zivilcourage?" Annäherungen an eine Psychologie des aufrechten Gangs mit Hilfe subjektiver Theorien, in: Gruppendynamik, Zeitschrift für angewandte Sozialpsychologie, Nr. 2, S. 125-144

KFN 2005: abrufbar unter http://www.kfn.de (28.11.05)

Kilb, Rainer 2005: Weshalb und wozu „Konfrontative Pädagogik"?, in: Zeitschrift für Sozialpädagogik Nr. 1, S. 37-56

Kilb, Rainer/Weidner, Jens 2003: „Ich dachte, ich wäre toll …" Eine Evaluation zum Anti-Aggressivitäts- und Coolness-Training, in: Sozial Extra Nr. 2-3, S. 38-44

Kilb, Rainer/Weidner, Jens/Jehn, Otto 2004: Qualitätsanforderungen für das Anti-Aggressivitäts-Training (AAT©) und das Coolness-Training (CT©), in: Weidner, Jens/Kilb, Rainer/Kreft, Dieter (Hrsg.): Gewalt im Griff 1: Neue Formen des Anti-Aggressivitäts-Trainings, Weinheim, S. 273-286

Kirchheim, Carola 2005: Gewaltprävention in Schulen, in: Seiffge-Krenke, Inge (Hrsg.): Aggressionsentwicklung zwischen Normalität und Pathologie, Göttingen, S. 309-344

Klawe, Willy 2005: Auslandsprojekte als Vorwand? Anmerkungen zur neuerlichen Diskussion über erlebnispädagogische Auslandsprojekte, in: Zeitschrift für Erlebnispädagogik Nr. 5, S. 4-14

Klees, Katharina/Marz, Fritz/Moning-Konter, Elke (Hrsg.) 2003: Gewaltprävention. Praxismodelle aus Jugendhilfe und Schule, Weinheim und München

Koch, Gerd/Streisand, Marianne (Hrsg.) 2003: Wörterbuch der Theaterpädagogik, Berlin

Koch, Gerd/Roth, Sieglinde/Vaßen, Florian/Wrentschur, Michael (Hrsg.) 2004: Theaterarbeit in sozialen Feldern – Theatre Work in Social Fields, Frankfurt/M.

Körner, Jürgen 2005: abrufbar unter http://www.denkzeit.com (02.01.06)

Körner, Jürgen/Friedmann, Rebecca 2005: Denkzeit für delinquente Jugendliche. Theorie und Methode dargestellt an einer Fallgeschichte, Freiburg im Breisgau

Kösterke, Astrid/Stöckle, Gerd 1989: Neue Bewegungskultur als Anregung für die Jugendarbeit? Konzepte und Vorschläge des Sportprojektes „Traumfabrik", in: deutsche jugend Nr. 11, S. 477-484

Korn, Judy/Mücke, Thomas 2000: Gewalt im Griff, Band 2. Deeskalations- und Mediationstraining, Weinheim

KPRD (Kommunaler Präventionsrat Darmstadt) (Hrsg.) 1999: Zwischen Wegschauen und Wegschließen. Dokumentation der Präventionskonferenz 1998, Darmstadt

Krahulec, Peter 2004: Forschung, gesellschaftliche Praxis und politische Bildung: Anforderungen und Impulse für pädagogisches Handeln, in: Meyer, Gerd/Dovermann, Ulrich/Frech, Siegfried/Gugel, Günther (Hrsg.): Zivilcourage lernen. Analysen – Modelle – Arbeitshilfen, Institut für Friedenspädagogik, S.186-195, abrufbar unter http://www.friedenspaedagogik.de/themen/zc_lernen/zc_in.htm (22.10.05)

Krug, Walter 2001: „Ich kann was, was du nicht kannst ...!“ Zur präventiven Wirkung der Erlebnispädagogik, in: Jugendhilfe Nr. 1, S. 22-28

Kuhn, Hubert 1994: Kampfkunst in der Jugendarbeit. Modetrends, „Erlebnispädagogik“ oder sinnvolle Möglichkeit zur Selbstverwirklichung und Gewaltprävention? in: deutsche jugend Nr. 11, S. 488-497

Kuhn, Hubert [3]2002: Zivilcourage, in: Weißeno, Georg (Hrsg.): Lexikon der politischen Bildung, Band 3: Kuhn, Hans-Werner/Massing, Peter (Hrsg.): Methoden und Arbeitstechniken, Schwalbach/Ts., S. 213-214

Kunstreich, Timm 2000: Aktionsprogramme – Erfahrungen, Probleme und Einsichten. antiGEWALTiges Training, in: Sozial Extra Nr. 5/6, S. 35-39

Kunstreich, Timm 2006: Fragen zum Masterstudiengang „Konfliktmanagement und Gewaltprävention“, Interview mit Timm Kunstreich, in: Sozial Extra Nr. 7, S. 36-37

Landesjugendamt Bayern 2006: abrufbar unter http://www.blja.bayern.de/Textoffice/Gesetze/Textsammlung_SGB_VIII_%C2%A7_029.htm (15.01.06)

Lenz, Rüdiger 2005: Das Ich-Stärke-Training, Selbstdarstellung, S. 1-7

Link, Oliver 2005: Camp der guten Hoffnung, abrufbar unter http://www.durchboxen.de/04_aktuell/Presseberichte/2005/10_oktober_stern/stern_Artikel.pdf (20.4.06)

Lions-Quest o. J.: Informationsmaterialien zum Programm „Erwachsen Werden“

Lösel, Friedrich/Bliesener, Thomas 2003: Aggression und Delinquenz unter Jugendlichen. Untersuchungen von kognitiven und sozialen Bedingungen, München, Neuwied

Melzer, Wolfgang/Schubarth, Wilfried/Ehninger, Frank 2004: Gewaltprävention und Schulentwicklung, Bad Heilbrunn/Obb.

Mensching, Anja 2005: Ist Vorbeugen besser als Heilen?, in: Aus Politik und Zeitgeschichte Nr. 46, S. 17-23

Meyer, Gerd/Dovermann, Ulrich/Frech, Siegfried/Gugel, Günther (Hrsg.) 2004: Zivilcourage lernen. Analysen – Modelle – Arbeitshilfen, Institut für Friedenspädagogik, abrufbar unter http://www.friedenspaedagogik.de/themen/zc_lernen/zc_in.htm (22.10.05)

Mitternachtssport Hannover o. J.: Internes Manuskript der Stadt Hannover, zu beziehen bei Michael.Lockmann@Hannover-Stadt.de

Montada, Leo/Kals, Elisabeth 2001: Mediation, Lehrbuch für Psychologen und Juristen, Weinheim

Morath, Rupert/Reck, Wolfgang 2005: abrufbar unter http://www.agbewaehrungs hilfe.de/Projekte/aat_ulm.html (06.09.05)

Moreno, Jacob L. ²1973: Gruppenpsychotherapie und Psychodrama, Stuttgart

Neumann, Claudia/Wagner, Ulrich 2005: Abschlussbericht zur Analyse des Eingangsprogramms (EP) „Konstruktive Konfliktkultur in Klasse 5/6“ von Christa Kaletsch. Marburg, unveröffentlicht

Nörber, Martin (Hrsg.) 2003: Peer education. Bildung und Erziehung von Gleichaltrigen durch Gleichaltrige, Weinheim

Nunner-Winkler, Gertrud 2004: Mobbing und Gewalt in der Schule. Sprechakttheoretische Überlegungen, in: Westend. Neue Zeitschrift für Sozialforschung Nr. 1, S. 91-100

Oczenascheck, Karin 2003: Von der sozialen Bedeutung des Sports. Sport – Power gegen Gewalt?!, abrufbar unter http://www.kjr-muenchen-stadt.de/publika tionen/pdf/k3_2003/k3_07_03_schwerpunkt.pdf (20.4.06)

Ohlemacher, Thomas/Sögding, Dennis/Höynck, Theresia/Ethé, Nicole/Welte, Götz 2001: AAT und Legalbewährung. Versuch einer Evaluation. Forschungsberichte des kriminologischen Forschungsinstituts Niedersachsen Nr. 83, Hannover, abrufbar unter: http://www.kfn.de/antiaggressivitaet.shtml (17.12.05)

Olweus, Dan ³2002: Gewalt in der Schule. Was Lehrer und Eltern wissen sollten und tun können, Bern

Papenberg, Wolfgang/Smiar, Nick 2005: Über den PART-Basiskurs (Schwerpunkt Jugendhilfe), abrufbar unter http://www.part2000.de/4655/4844.html (9.10.05)

PART-Seminarhandbuch 2005: Einführungskapitel, abrufbar unter http://www.part 2000.de/4655/index.html (9.10.05)

Pilz, Gunter A. 1991: Plädoyer für eine sportbezogene Jugendsozialarbeit, in: deutsche jugend Nr. 7-8, S. 334-343

Pilz, Gunter A. 2002: Mitternachtssport: Medienwirksames Spektakel oder Beitrag zur Gewaltprävention?, in: Pilz, Gunter A./Böhmer, Henning (Hrsg.): Wahrnehmen – Bewegen – Verändern. Beiträge zur Theorie und Praxis körper- und bewegungsbezogener Sozialer Arbeit, Publikation der Evangelischen Fachhochschule, Hannover

Pilz, Gunter A. 2005: Judo – eine Chance in der Gewaltprävention? S. 1-34, abrufbar unter http://www.judo-praxis.de/Artikel/A_Gewaltpr_PILZ/hauptteil_a_gewaltpr_pilz.html (26.07.05)

Pilz, Gunter A./Peiffer, Lorenz 1998: Mitternachtssport. Erfahrungen und Perspektiven aus praktischer Arbeit und wissenschaftlicher Begleitung, in: deutsche jugend Nr. 12, S. 513-520

Ponick, Markus 1999: Einfühlung im Szenischen Spiel – Gedanken aus Anlass eines Symposiums zu Ingo Schellers 60. Geburtstag, in: Korrespondenzen Nr. 10, S. 70-74

Rau, Thea 2006: Die Wirksamkeit des Anti-Aggressivitäts-Trainings© lässt sich bestätigen, in: Sozial Extra Nr. 7/8, S. 38-41

Rhue, Morton 2006: Boot Camp, Ravensburg

Ribler, Angelika 2003: Interkulturelles Konfliktmanagement im Fußball – ein Weg der Gewaltprävention, in: Informationen der Aktion Jugendschutz Baden-Württemberg: Spiel ohne Grenzen Nr. 4, S. 14-19

Rössner, Dieter 2005: Täter-Opfer-Ausgleich im Jugendstrafvollzug, in: Zeitschrift für Jugendkriminalrecht und Jugendhilfe (ZJJ) Nr. 1, S. 30-33

Roggmann, Jutta/Ebel, Tilmann 2003: Arbeits- und Begegnungscamp in Russland. Bericht und Tagebuchaufzeichnungen über einen erlebnispädagogischen Sozialen Trainingskurs, in: Zeitschrift für Jugendkriminalrecht und Jugendhilfe (ZJJ) Nr. 3, S. 277- 285

Rzepka, Dorothea 2004: Anti-Aggressivitäts-Training – Anmerkungen aus verfassungsrechtlicher und kriminologischer Sicht, in: Unsere Jugend Nr. 3, S. 126-137

Schaller, Roger 2005: Wege, an sie ranzukommen. Selbstmanagement- und Psychodrama-Training mit gewaltbereiten Kindern und Jugendlichen, Weinheim

Schanzenbächer, Stefan 2003: Mobile Beratungsteams als Modell der Unterstützung von Schulen – Das Beispiel des Brandenburgischen Projektes „Boxenstopp – Anti-Gewalt-Training für Jugendliche", in: Melzer, Wolfgang/Schwind, Hans-Dieter (Hrsg.): Gewaltprävention in der Schule, Grundlagen – Praxismodelle – Perspektiven, Dokumentation des 15. Mainzer Opferforums, Baden-Baden, S. 282-294

Schanzenbächer, Stefan 2004: Den Frust von der Seele „racen". Coolness-Training und Cart-Racing in der Gewaltprävention für Lückekinder im sozialen

Brennpunkt, in: Weidner Jens/Kilb, Rainer/Kreft, Dieter: Gewalt im Griff 1: Neue Formen des Anti- Aggressivitäts-Trainings, Weinheim, S. 179-206

Scheller, Ingo 1998: Szenisches Spiel, Handbuch für die pädagogische Praxis, Berlin

Scheller, Ingo 2004: Szenisches Spiel als forschendes Lernen, abrufbar unter http://www.lern-netzwerk.de/files/pdf/20041217doku/Scheller_2.pdf (9.10.05)

Schick, Andreas 2004: FAUSTLOS – Gewaltprävention durch Förderung sozial-emotionaler Kompetenzen, in: Zeitschrift der Aktion Jugendschutz Baden-Württemberg Nr. 2, S. 25-26

Schick, Andreas/Cierpka, Manfred 2003: FAUSTLOS – Aufbau und Evaluation eines Curriculums zur Förderung sozialer und emotionaler Kompetenzen in der Grundschule, in: Dörr, Margret/Göppel, Rolf : Bildung der Gefühle, Gießen, S. 146-162

Schick, Andreas/Cierpka, Manfred 2004: FAUSTLOS – ein Gewaltpräventions-Curriculum für Grundschule und Kindergarten, in: Melzer, Wolfgang/Schwind, Hans-Dieter (Hrsg.): Gewaltprävention in der Schule, Baden-Baden, S. 54-66

Schmauch, Ulrike 2001: „Mit Reden statt Kloppen erfolgreicher durchs Leben", Mediation und mediative Elemente in der offenen Kinder- und Jugendarbeit, in: deutsche jugend Nr. 5, S. 221-229 und Nr. 6, S. 266-273

Schmauch, Ulrike 2004: Mediation und mediative Elemente in der offenen Kinder- und Jugendarbeit, in: Schlag, Thomas (Hrsg.): Mediation in Schule und Jugendarbeit, Münster, S. 137-170

Schön, Bärbel 2003: Bildung von Gefühlen durch Programme der Gewaltprävention? Einige Anmerkungen, in: Dörr, Margret/Göppel, Rolf: Bildung der Gefühle, Gießen, S. 163-182

Schramkowski, Barbara 2003: Interkulturelle Mediation, in: Aktion Jugendschutz Landesarbeitsstelle Bayern e.V., KulturKonflikt? Methoden des interkulturellen Konfliktmanagements in der Jugendhilfe, München, S. 36-56

Schröder, Achim 2001: Lernen durch Erfahrung, Szenisches Spiel als Methode der Gewalt- und Konfliktbearbeitung, in: außerschulische bildung Nr. 1, S. 41-46

Schröder, Achim 2006: Bewältigungen in der Adoleszenz und Entgrenzung der Jugendphase. Was bleibt und was sich wandelt, in: deutsche jugend Nr. 2, S. 74-80 und Nr. 3, S. 114-123

Schubarth, Wilfried 2003: Allheilmittel oder Fremdkörper? Schulmediation zwischen Akzeptanz und Ignoranz, in: Unsere Jugend Nr. 2, S. 81-90

Schulmediation 2005, abrufbar unter: http://www.bmev.de/www/documents/bm_schulstandards.pdf (23.4.06)

Schulze-Krüdener, Jörgen 1999: It's body time! Sport als Herausforderung für die Jugendarbeit, in: Homfeldt, Hans Günther/Merten, Roland/Schulze-Krüdener, Jörgen (Hrsg.): „Sozialer Brennpunkt" Körper. Körpertheoretische und -praktische Grundlagen für die soziale Arbeit, Hohengehren, S. 204-214

Schumann, Michael 2005: Gewaltprävention und Konfliktbearbeitung, in: Sozial Extra Nr. 12, S. 10-13

Seiffge-Krenke, Inge (Hrsg.) 2005: Aggressionsentwicklung zwischen Normalität und Pathologie, Göttingen

Senat von Bremen 2000: abrufbar unter http://Pages.jugendinfo.de/landesjugendamt/texte/Gesetze/05_Ausführungsregeln/5_4Erziehungshilfe/5_4_2.doc (15.01.06)

Seydel, Otto 2003: Streit mit den Streitschlichtern. Sieben Einwände gegen Peer-Mediation und eine Entgegnung, in: Pädagogik Nr. 1, S. 30-35

Simon, Titus/Kunstreich, Timm/Scherr, Albert/Winkler, Michael 2003: Die AAT/CT-Debatte. Mehrere Autoren antworten auf den Beitrag von Rainer Kilb und Jens Weidner über das Anti-Aggressivitäts-Training in Sozial Extra 2-3/03, in: Sozial Extra Nr. 4, S. 38-46

Simsa, Christiane 2004: Wie Jugendliche Streitschlichtung erleben – Pädagogische Aspekte der Mediation für junge Menschen, in: Schlag, Thomas (Hrsg.): Mediation in Schule und Jugendarbeit, Münster, S. 51-66

Sommerfeld, Peter [2]2001: Erlebnispädagogik, in: Otto, Hans-Uwe/Thiersch, Hans: Handbuch Sozialarbeit/Sozialpädagogik, Neuwied, S. 394-402

Sozialgesetzbuch VIII 2006, abrufbar unter http://www.bmfsfj.de/RedaktionBMFSFJ/Abteilung5/Pdf-Anlagen/sgb-vlll,property=pdf,bereich=,rwb=true.pdf (2.03.06)

Sportjugend Hessen 2002: Bericht zum Projekt „Interkulturelle Konfliktvermittlung/Mediation im Fußball" 1998-2001, Frankfurt/M.

Strasser, Hermann/van den Brink, Henning 2005: Auf dem Weg in die Präventionsgesellschaft?, in: Aus Politik und Zeitgeschichte Nr. 46, S. 3-7

Sutterlüty, Ferdinand 2004: Ist Gewalt rational? in: Westend. Neue Zeitschrift für Sozialforschung Nr. 1, S. 101-115

Tennstädt, Kurt-Christian/Krause, Frank/Humpert, Winfried/Dann, Hans-Dietrich 1987: Das Konstanzer Trainingsmodell (KTM) – Einführung, Bern

theaterpädagogische werkstatt 2005: abrufbar unter www.theaterpaed-werkstatt.de (30.10.05)

TOA-Servicebüro 2001: Servicebüro für Täter-Opfer-Ausgleich und Konfliktschlichtung der DBH: Täter-Opfer-Ausgleich, Eine Chance für Opfer und Täter, Informationsbroschüre

TOA 2005: abrufbar unter http://www.toa-servicebuero.de/public/Standards%205%20Auflage%20Internet.pdf (23.11.05)

Toprak, Ahmet 2003: Anti-Aggressions-Kurse – die konfrontative Methode als Gewaltprävention mit türkischen Jugendlichen, in: Aktion Jugendschutz Landesarbeitstelle Bayern e.V.: KulturKonflikt? Methoden des interkulturellen Konfliktmanagements in der Jugendhilfe, München, S. 70-85

Trainingscamp Lothar Kannenberg: Erziehung durch Sport. Informationsmaterialien

Verein Kinder- und Jugendhilfe Frankfurt am Main 2005: 30 Jahre Verein, 20 Jahre Projekt sozialer Trainingskurs Frankfurt, Frankfurt/M. (Jubiläumsschrift)

Walker, Jamie 2001: Mediation in der Schule. Konflikte lösen in der Sekundarstufe I, Berlin

Weidner, Jens 2004: Konfrontation mit Herz: Eckpfeiler eines neuen Trends in Sozialer Arbeit und Erziehungswissenschaften, in: Weidner, Jens/Kilb, Rainer (Hrsg.): Konfrontative Pädagogik. Konfliktbearbeitung in sozialer Arbeit und Erziehung, Wiesbaden, S. 11-24

Weidner, Jens 2005: Konfrontative Pädagogik, abrufbar unter http://www.prof-jens-weidner.de/konfron/konfron.html (22.06.05)

Weidner Jens/Kilb, Rainer/Kreft, Dieter [4]2004: Gewalt im Griff 1: Neue Formen des Anti-Aggressivitäts-Trainings, Weinheim

WEISSER RING 2004: Kriminalitätsopfer finden Hilfe, Selbstdarstellung des Vereins, Mainz

Winnicott, Donald W. 1971: Vom Spiel zur Kreativität, Stuttgart [8]1995

Winter, Frank 2005: Täter-Opfer-Ausgleich – Wohin wird die Reise gehen?, in: Zeitschrift für Jugendkriminalrecht und Jugendhilfe (ZJJ) Nr. 2, S. 199-203

von Wolffersdorff, Christian 2002: Kinder- und Jugenddelinquenz, in: Schröer, Wolfgang/Struck, Norbert/Wolff, Mechthild (Hrsg.): Handbuch Kinder- und Jugendhilfe, Weinheim und München, S. 495-525

Wolters, Jörg-Michael 1998: Praktisches Anti-Aggressivitäts-Training. Mit Budo zum „Friedvollen Krieger“, in: Soziale Arbeit Nr. 4, S. 128-134

Wolters, Jörg-Michael 2003: Rangeln, Raufen & Ringen. Vom sozialpädagogischen Wert des kindlichen Kämpfens, in: Unsere Jugend Nr. 5, S. 195-201